高中生心理健康

王道荣　主　编
刘春华　李如康　副主编

南京师范大学出版社
NANJING NORMAL UNIVERSITY PRESS

图书在版编目(CIP)数据

高中生心理健康 / 王道荣主编. —南京：南京师范大学出版社，2019.4（2020.7重印）

ISBN 978 - 7 - 5651 - 4189 - 8

Ⅰ. ①高… Ⅱ. ①王… Ⅲ. ①心理健康－健康教育－高中－教材 Ⅳ. ①G444

中国版本图书馆 CIP 数据核字(2019)第 062185 号

书　　名　高中生心理健康
主　　编　王道荣
副 主 编　刘春华　李如康
策划编辑　王　艳
责任编辑　徐文娟
出版发行　南京师范大学出版社
地　　址　江苏省南京市玄武区后宰门西村 9 号(邮编:210016)
电　　话　(025)83598919(总编办)　83598412(营销部)　83598297(邮购部)
网　　址　http://press.njnu.edu.cn
电子信箱　nspzbb@163.com
照　　排　南京理工大学资产经营有限公司
印　　刷　南通印刷总厂有限公司
开　　本　787 毫米×960 毫米　1/16
印　　张　11
字　　数　144 千
版　　次　2019 年 4 月第 1 版　2020 年 7 月第 2 次印刷
书　　号　ISBN 978 - 7 - 5651 - 4189 - 8
定　　价　35.00 元

出 版 人　张志刚

前言

21世纪被视为生命科学的世纪，心理学作为研究人类自身的科学日益显示出其不可忽视的作用。随着社会的发展、人们生活水平的提高，心理学的社会地位迅速提升。学校是青少年集中的地方，心理健康教育尤其重要。

一个健康的人，“不但没有身体的缺陷，还要有生理、心理和社会适应能力的完美状态”——这是世界卫生组织（WHO）给“健康”下的定义。许多事实告诉我们，成年人的心理问题或者心理疾病，大都源于未成年之前。因此，关注中小学生的心理健康，就是关注他们的未来。

当代中学生正处于身心发展的重要时期。随着生理、心理的发育和发展，竞争压力的增大，社会阅历的丰富及思维方式的变化，他们在学习、生活、人际交往等方面可能会产生各种心理问题，这些问题必须得到及时解决，他们才能健康成长。

根据教育部的有关要求，基于“一切为了学生的明天”的办学理念，我校从2010年开始进行心理健康教育的实践活动，开设心理健康教育课程，开展心理咨询和辅导活动。学校高度重视学生心理健康教育，把帮助学生“塑造健全人格，争做阳光学子”作为心理健康教育的总目标。配备专门的心理咨询室和心理辅导教室，聘请知名心理专家王道荣教授常年担任学校心理教育顾问，指导心理教育工作，组织编写校本教材，定期开设讲座，举办心理健康节活动，强化对心理工作志愿者的专业培训和系统培训。每天安排一位心理工作志愿者值班，实施一对一心理咨询或集体心理辅导，帮助学生解答他们成长中遇到的困惑。每学年开学初，开展心理健康筛查，建立心理健康档案，做到早发现、早干预、早治疗。

经过几年的实践，我们认识到，面对 3 000 余名在校学生，仅靠几位心理教师的授课、辅导、咨询活动是不够的，还应该有广大教师的积极参与和学生的自我教育，这样才能更有效地开展心理健康教育，达到良好的教育效果。为此，我们组织编写了这本教材，希望借此推动心理健康教育，帮助学生健康成长。

本教材以《关于加强中小学心理健康教育的若干意见》《中小学心理健康教育指导纲要》为指导，参考现行中小学心理健康教材并结合我校教育实践来确定内容，力求覆盖中学生在学校生活中可能遇到的常见心理问题。作为校本教材，本书在设计上力求认知和体验并重，并具有一定的开放性，使用的时候可以根据需要进行扩展。本书由王仁荣负责策划，王道荣主编。全书共十章，编写分工如下：第一章，王道荣；第二章，李红岩、汤元军；第三章，李春、王永生；第四章，顾彩霞、陈爽；第五章，李丽、汤元军；第六章，朱双双、王道荣；第七章，陆菊、陈爽；第八章，李贞彩、王道荣；第九章，李春；第十章，李丽、汤元军。全书主要阐述了对心理健康的认识、心理健康的主要内容、意志品德、情商开发等内容，每一章包括“心灵故事”“心理分析”“辅导建议”“心理成长名言”等栏目，由表及里，便于理解。

本书插图作者为：第一、二、三、十章，张志敏；第四、五、六章，徐杰；

第七、八、九章，张凯。

本书的编写得到了江苏旅游职业学院“积极心理教育”名师工作室和工艺美术学院的大力支持，特别鸣谢！

我们期待这本书能够传递共同的理念，帮助我们解决问题，体验成长，追求幸福。限于编者的水平，本书难免存在疏漏之处，欢迎广大读者批评指正。

2019 年 4 月

（作者系滨海县八滩中学校长）

目　录

第一章
心理健康

1 心理困惑是什么？

心灵故事

小明这几天异常纠结，烦躁不安。他总是不停地怀疑自己患上了精神病。

高一新生开学一个月了，班主任王老师发觉小明整天闷闷不乐，做什么事儿都打不起精神，找他谈话，半天也问不出什么来。王老师觉得，小明性格孤僻，可能心理方面出了问题。于是，便建议他去做心理咨询。

小明一听，心里一惊：自己是不是得精神病了？这可怎么办呢？

逃离了老师的办公室后，小明飞速地上网查阅资料。一会儿，他觉得自己得了抑郁症；一会儿，他又认为自己患上了狂躁症。因为他发现这些病症的表现，自己都有。

小明觉得在学校里度日如年，人生地不熟，一个亲人也没有。白天上课，小明像个呆瓜似的日光游离。晚上睡觉，小明又像个幽魂般彻夜难眠。就这样，小明在异常烦躁和痛苦纠结中挣扎了四天，他暗暗地下了一个决心，决定去上海找父母求助。于是，他不辞而别了。

翻过学校的围墙，小明一溜烟地跑到车站。在火车站检票口，他被人一把抓住，回头一看，是班主任王老师。原来，王老师发觉小明不见了，报告了学校。校长非常担心小明的安全，于是，请了几位老师兵分四路去寻找小明。就这样，小明在火车站“落网”了。

小明耷拉着脑袋，随班主任来到了学校心理咨询室，坐到了心理咨询师李老师的面前。

心理分析

小明是一个标准的留守学生，从记事开始，父母就一直在上海打工。小明跟着爷爷、奶奶生活，因为刚从二十公里外的家乡到现在的新学校求学，还未适应，所以出现了一些心理困惑。

经过一番交流，李老师告诉小明这是个误会，小明只是心理健康出了点问题，根本不是得了精神病。小明一听，心中的石头顿时落了地，他觉得自己整个人都轻松了许多。

这个误会说明，小明对心理健康并不了解。

人的健康有两层含义，一是身体健康，二是心理健康。身体健康的概念已经深入人心，可是对心理健康，我们却知之甚少。许多人在心理方面出现问题时，常常采用不恰当的方法，结果问题并没有得到很好的解决。

心理健康，是指心理的各个方面及活动过程处于一种良好或正常的状态。

维护好自己的心理健康，对于高中生来讲，有着十分重要的意义。

首先，心理健康是高中生完成学业的基本需要。客观地讲，高中生的学业负担还是相当繁重的。要想高质量地完成高中学业，考上理想的大学，不仅需要良好的智力和强健的体力，更需要良好的心理素质，包括学习观、管理情绪和情感方面的能力、意志力，还有处理人际关系方面的能力等。心理方面的许多能力是高中生完成学业的重要保证。

其次，心理健康是高中生完善个性和全面发展的需要。高中生的个性心理带有原生家庭的烙印，需要在社会化过程中不断完善。心理健康方面的知识，正好给高中生的心理成长提供理论指导和方法支持。系统的心理健康教育，可以有计划地帮助高中生完善个性，促进其全面发展。

再次，心理健康是高中生奠定终身和谐发展的长远需要。人的终身和谐发展，包括身体素质、心理素质和文化素养等多个方面。人的一生，一定会伴随着风风雨雨和坎坎坷坷。缺少了健康的心理和完善的人格，这个人就会感性冲动，矛盾纠结。反之，一个人拥有了健康的心理和完善的人格，就能够理智从容，正确处理问题，使自己少栽跟头、少些烦恼。

辅导建议

高中生由于涉世不深，在成长的过程中出现一些困惑是非常正常的。困惑本身不是问题，重要的是出现了困惑知道应该怎么办。

李老师给小明提出了三点建议。

首先，要了解心理健康的基本知识。由于种种原因，我国心理健康知识的科学普及是远远不够的。许多人对心理健康不太了解，更有人愚昧地把心理问题误解为精神病，结果闹出了不少笑话，造成了很多损失。高中生应该及时补上心理健康这一课。小明同学如果事先能主动找心理老师聊一聊，了解一些心理健康的基本知识，就不会闹出逃学这样的笑话了。

其次，要明确心理健康的重要意义。心理健康水平一定意义上决定了一个人的情商高低水平。心理健康的高中生，在认知、情绪情感和意志等方面的素质显著地高于一般人。比如，他们在学习方面，能够态度端正，积极主动，勤奋务实，持之以恒；在为人处事方面，能够心地善良，热情大方，待人真诚，宽厚包容等。

再次，要掌握解决心理困惑的方法。人非生而知之者，孰能无惑？高中生如果了解了心理健康的科学知识，掌握了解决心理困惑的基本方法，那就能够自我解惑、不断超越了。解决心理困惑的方法很多，比如，一般困惑可以自我思悟，也可以与亲朋好友讨论，严重困惑可以向心理咨询师寻求指导等。要保持自己的社会支持系统健全、畅通，心里有事切不可一个人闷着。

了解一下吧

心理健康的标准

① 智力正常。	② 情绪稳定与协调。
③ 有较好的社会适应性。	④ 有和谐的人际关系。
⑤ 反应适度与行为协调。	⑥ 心理年龄符合实际年龄。
⑦ 有心理自控能力。	⑧ 有健全的个性特征。
⑨ 有自信心。	⑩ 有心理耐受力。

心理世界探秘

社会支持系统

所谓个人的“社会支持系统”，指的是个人在自己的社会关系网络中所能获得的、来自他人的物质和精神上的帮助和支援。一个完备的支持系统包括亲人、朋友、同学、同事、邻里、老师、合作伙伴等等，当然，还应当包括由陌生人组成的各种社会服务机构。每一种系统都承担着不同功能：亲人给我们物质和精神上的帮助，朋友给我们情感支持，而同事及合作伙伴则与我们进行业务交流。

心理成长名言

♥ 未经省察的人生是不值得过的。——苏格拉底

♥ 幸福的人生需要拥有健康的心。——王道荣

2 心理健康大讲堂

心理问题的分类

学校成立了青春之声心理协会，经过团委陈老师的推荐，周小姮同学成为首任心理协会主席。她策划了定期举办的“心理健康大讲堂”。

周三晚自习，学校组织高一的全体老师和同学聆听了校心理健康教育顾问王老师的讲座“心理学让我们更精彩”。王老师带领大家第一次走进了心理学的神秘世界，同学们兴奋了好久好久。

王老师说，心理学是研究人的心理现象及其规律的科学，掌握了心理学的基本原理和方法，就能更好地了解自己、发展自己，也能更好地帮助别人、造福社会。

王老师还给大家介绍了心理问题的分类和等级。

按照性质来分，心理问题分为积极心理问题和消极心理问题两类。积极心理问题就是人们常说的快乐的心事、幸福的心事。消极心理问题指的是人们常说的紧张、焦虑、困扰、痛苦等心理现象。狭义的心理问题，指的就是消极心理问题。

消极心理问题，按照等级来分，可以分为一般心理问题、严重心理问题和心理疾病三类。前两类属于健康人的心理问题，不属于疾病的范畴。后一类属于精神、心理疾病，也就是人们常说的精神病，是需要求医治疗的。

一般心理问题：由现实因素激发，持续时间较短，情绪反应能在理智控制之下，不严重破坏社会功能，情绪反应尚未泛化的心理不健康状况。高中生的一般心理问题检出率约25%—30%，这类问题一般不需要寻访心理专家，过几天也就自愈了。

严重心理问题：由相对强烈的现实因素激发，初始情绪反应强烈，持续时间较长，内容充分泛化的心理不健康状况。严重心理问题，有时伴有某一方面的人格缺陷，心理冲突持续时间限在半年之内。严重心理问题，也称心理（精神）障碍对待，此类心理问题在高中生中的检出率在3%左右，不容易自愈，需要进行专业的心理辅导或心理治疗。

心理疾病：简称精神病，由内、外致病因素作用于人而造成脑功能障碍，从而破坏了人脑功能的完整性和个体与外部环境的统一性所致。精神病的基本症状是精神活动紊乱，导致认识、情感、意志、行为等方面的异常，以致不能维持正常的精神生活，甚至做出危害自身和社会集体的行为。心理疾病在高中生中的检出率在0.3%左右，需要住院进行系统专业的心理治疗。

王老师说，掌握了心理问题的分类和等级，就能够正确处理问题，助人自助了。

高中生心理问题的分类

在给学校心理委员培训的会上，王老师给大家介绍了高中生常见的心理问题。

当前高中生的心理问题主要表现在以下十个方面。

(1) **学习压力感**。这是由繁重的学业负担带来的心理压力。比如，一听说考试、排名等，就会感到紧张，心情焦虑；考前吃不香、睡不深，情绪波动较大，便意频繁等。

(2) **个性偏执**。这是由家庭教养方式造成的个性特点，就是人们常说的"死犟死犟"的那一类。偏于固执的人，总觉得大多数人不可信任，自以为是，喜欢争辩，经常急得脸红脖子粗等。

(3) **敌对情绪**。这类问题也是由家庭原因造成的，拥有敌对情绪特点的人经常与人抬杠，发生冲突，甚至有打人冲动。

(4) **人际关系敏感**。此类人很难与人相处，常常感到别人对自己不友善，不喜欢自己；和异性在一起时，非常不自在，说话容易脸红。

(5) **心理抑郁**。此类人情绪低落，常常闷闷不乐，对学业、前途、未来不怀希望，整日没精打采。

(6) **焦虑**。此类人常常觉得特别烦躁，坐立不安，总是为一些事情烦恼。

(7) **强迫**。这类问题是常常不自觉地想什么、做什么，明知没必要做还要做。

(8) **适应不良**。此类人对学校的生活不适应，不习惯教师的性格和教学方式，或者不喜欢学校的各项活动等。

(9) **性心理问题**。这类问题是由性冲动带来的一些压抑和困惑。

(10) **心理失衡**。这类问题是指有的人在他人比自己强或获得了高于自己的荣誉时感到不平衡，比如嫉妒。

在这十类比较典型的高中生心理问题中，学习压力感、人际关系敏感、适应不良等是检出率比较高的，也是最为常见的心理问题。

心理世界探秘

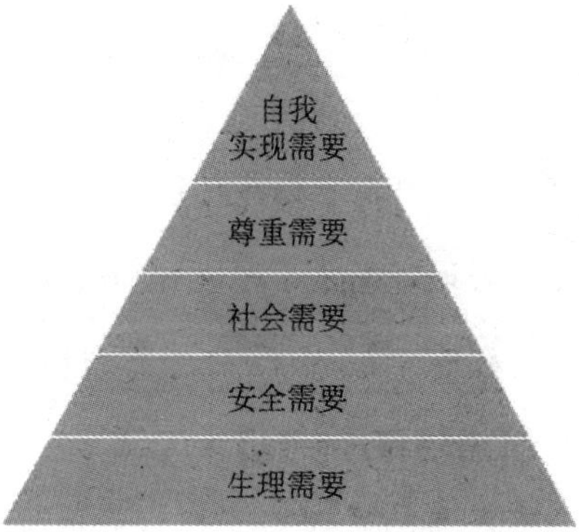

马斯洛需要层次理论

心理成长名言

♥ **我们的烦恼和痛苦都不是事情本身，而是因为我们加在这些事情上面的观念。** ——**阿尔弗雷德·阿德勒**

♥ **如果做好心理准备，一切准备都已经完成。** ——**莎士比亚**

3 心理咨询我帮你

心理咨询是什么

心理咨询是心理咨询师协助求助者解决心理问题的过程。

在这个过程中，心理咨询师会运用心理学的原理和方法，帮助求助者发现自身的问题和问题的根源，从而挖掘求助者本身潜在的能力，帮助其改变原有的认知结构和行为模式，以提高对生活的适应性和对周围环境的调节能力。

由于特殊的文化心理因素，在我国，特别是大陆地区，人们对心理咨询还存在认识误区。不少人会以寻求心理帮助为耻，不好意思，觉得丢人，甚至还有人把寻求心理辅导和治疗精神疾病等同起来。

心理咨询师并不是万能的神仙，高明的心理咨询师一般会用两招帮助来访者：一是引导帮助来访者科学归因（认识自己的问题），二是协助来访者找出解决问题的办法（解决自己的问题）。概括起来就是助人自助，帮助来访者实现心理的成长。

一般看来，心理咨询是针对健康（正常）人的心理问题展开的心理帮助，它涵盖的是一般心理问题、严重心理问题，也包括精神疾病的早期诊断和后期辅导。

在一些发达的国家，心理咨询是一件非常时尚的事情，有了心理困扰及时寻求帮助和指导，对恢复心理健康、提高心理素质是很有好处的。高中生要积极主动地学习心理健康的科学知识，在必要时主动地寻求心理辅导，这对自己的人格发展、学业进步和终身发展都有益处。

怎样寻求心理辅导

(1) 有了心理困惑，怎样寻求心理辅导呢?

一般心理问题寻求心理辅导，常常有三种途径。第一，求助师长、好友，和他们说说，听他们讲讲，这类心理问题也就会消失了。第二，求助班级心理委员。一些学校会在每个班级设立一两位心理委员，他们都经过一定的专业培训，能够解决同学们的一般心理问题。这种朋辈心理辅导，便捷高效。第三，求助学校的心理咨询老师。通过预约，向心理咨询老师咨询，一起讨论，会正确认识问题，得出解决问题的办法。一般心理问题通过一两次咨询交流就能解决。

严重心理问题要通过预约，请心理咨询老师帮助。心理咨询老师会对来访者进行科学的心理测量，并给出准确的问题定性，在确立心理咨询关系后，制定系统的辅导方案，从而进行持续的心理辅导或心理治疗。对于疑似精神疾病者，心理咨询师会根据来访者的问题程度，给出是否转诊的专业建议。

(2) 寻求心理辅导有顾虑，怎么办?

心理咨询师都接受过系统培训，他们会严格遵守以下十二条基本原则:

第一条，保密原则。对来访者所有咨询内容均应保密，不得泄露。如果来访者有自我伤害或伤害他人的紧急危害或涉及法律案件时，心理咨询师将突破保密原则，采取相应措施，但也会将信息的暴露程度限制在最低范围内。

第二条，自愿原则。到心理咨询室求助的来访者必须出于完全自愿，这是确立咨访关系的先决条件。

第三条，理解信任原则。咨询人员对来访者的语言、行动和情绪等要充分理解，对来访者应持非道德性评价的原则，帮助来访者分析问题产生的原因并寻找解决方法。

第四条，尊重原则。心理咨询师应热情、耐心并尊重来访者的需求和选择权，允许来访者选择继续或中止咨询。

第五条，平等原则。心理咨询师对来访者要诚恳、耐心、热情，对所有来访者应一视同仁，不应有主观偏见，并依先后顺序，予以接待。态度要和蔼，服务要热忱。

第六条，支持原则。对来访者的心理问题予以关注，使来访者获得心理帮助。

第七条，合适原则。选择适于自己能力的咨询对象，并制定合适的咨询方案。

第八条，中立原则。咨询者应对来访者谈话中涉及的道德问题保持中立，不作评判。

第九条，非指导性原则。心理咨询师主要是帮助来访者自己解决问题，而不是代替来访者解决问题。

第十条，感情限定的原则。咨访关系要拥有界定，不能涉及与问题无关的感情交流。

第十一条，重大决定延期的原则。心理咨询期间，如果来访者情绪过于不稳和动摇，原则上应规劝其不要轻易做决定。

第十二条，守时原则。咨询师必须按照预约时间到场，不能随便失约，未经对方同意不能单方面改变预约时间。

了解了心理咨询师的工作原则，大家就没有顾虑和担心了吧。

心理辅导的方法

常见的心理疗法有：

(1) **认知领悟疗法**。这是钟友彬教授根据心理动力学理论并结合我国的具体情况，以及自己多年的临床实践经验，于20世纪70年代末创立的中国式的心理分析治疗法。此法是通过解释使求治者改变认识，得到领悟而使症状得以减轻而或消失，从而达到治病目的的一种心理治疗方法。

(2) **行为疗法**。行为疗法亦称行为矫正疗法，是基于现代行为科学的一种非常通用的新型心理治疗方法，是根据学习心理学的理论和心理学实验方法确立的原则，对个体进行反复训练，达到矫正适应不良行为的一种心理治疗方法。

(3) **心理分析**。经典的心理分析治疗是由精神病学家弗洛伊德创立的。此方法可以使病人从无拘无束的会谈中领悟到自己心理障碍的症结所在，并逐步改变行为模式，从而达到治疗心理疾患的目的。

(4) **森田疗法**。此法是日本学者森田正马教授经过多年的钻研，于1919年创立的具有东方文化背景的心理治疗方法。此法主要用于治疗各种强迫症、疑病症、神经衰弱等。

(5) **催眠疗法**。此法是指用催眠的方法使求治者的意识范围变得极度狭窄，借助暗示性语言，帮助其消除病理心理和躯体障碍的一种心理治疗方法。

(6) 系统脱敏疗法。此法又称交互抑制法，是由美国学者沃尔帕创立和发展的。这种方法主要是诱导求治者缓慢地暴露出导致神经症焦虑、恐惧的情境，并通过心里的放松状态来对抗这种焦虑情绪，从而达到消除焦虑或恐惧的目的。

(7) 满灌疗法。此法也称暴露疗法，它与系统脱敏疗法正好相反。满灌疗法不需要进行任何放松训练，而是一下子呈现最强烈的恐怖、焦虑刺激（冲击）或一下子呈现大量的恐怖、焦虑刺激（满灌、泛滥），以迅速矫正病人对恐怖、焦虑刺激的错误认识，并消除由这种刺激引发的习惯性恐怖、焦虑反应，故也称为冲击疗法或泛滥疗法。

心理世界探秘

积极心理学之父　马丁·塞利格曼

积极心理学是心理学领域的一场革命，也是人类社会发展史中的一个新里程碑，是一门从积极角度研究传统心理学研究的东西的新兴科学。积极心理学作为一个研究领域的形成，以马丁·塞利格曼(Martin Seligman)和米哈利·捷克仁米哈依(Mihaly Csikzentmihalyi)在2000年1月发表的论文《积极心理学导论》为标志。它采用科学的原则和方法来研究幸福，倡导心理学的积极取向，研究人类的积极心理品质，关注人类的健康幸福与和谐发展。

心理成长名言

♥ 健康的一半是心理健康。

♥ 知人者智，自知者明。胜人者有力，自胜者强。 ——老子

成长课堂

1. 说说你对心理健康的认识。

____

____

____

____

____

____

2. 寻求心理帮助，你能找到哪些途径？

____

____

____

____

____

____

第二章
认知科学

1 难以修复的伤疤

心灵故事

张建(化名),男,17 岁,最近心烦、焦虑、自卑,夜间经常做噩梦,容易醒等。这种状态已经持续五周左右了。

开学初,他在校外体育场打篮球时不慎撞到篮球架,额头受伤,伤口呈三角形。手术缝合后休养了一周。为了不影响学习,他未痊愈就到校上课了。

后来,伤口愈合了,可额头上却留下了一个三角形的疤痕。对于这个伤疤,一开始张建只是觉得很难看。可一些调皮的学生看到后,竟给他起了个绰号——“刀疤三郎”。张建在班级里担任班干部,老师经常让他在班里发布信息。额头受伤后,他感觉自己变丑了,总是不愿意到讲台上去发言,实在躲不过去,就用手挡住额头上的大疤痕。同学们看到他用手挡着额头发言,就会哄堂大笑,个别同学还会当面喊他“刀疤三郎”。每当遇到这种情况,他都感到很难堪,心里十分难受。

想到伤疤，想到同学们的哄笑，张建的情绪就很低落，也不愿在公开场合露面了。最近一个多月来，他感觉疤痕越来越大，越来越明显，自己越来越丑了，再没人喜欢自己了。为此，他郁郁寡欢，食欲不佳，且睡眠质量下降，经常做噩梦，容易醒。早晨醒来后，经常觉得头昏脑涨，易疲劳，精神不易集中。而且，张建觉得学习效率也大不如前了。他非常烦恼和焦虑。想到以后这个疤痕将伴随自己一生，他越来越自卑。同时，他觉得自己变丑了之后，同学也渐渐和自己疏远了。

心理分析

张建同学之所以产生这样的困惑，主要原因是不能正确认识自我和悦纳自我。

第一，追求自我完美，不能接纳缺陷。青少年进入青春期，自我意识进入第二次飞跃发展期，强烈关注自己的外貌和体征。张建因额头被撞伤，认为手术缝合后留下的疤痕破坏了完美的自我形象，觉得很难看。对于这个突如其来的“缺陷”，他表现出强烈的不接纳。

第二，维护自我尊严，不容许被嘲笑。要面子、被尊重是青少年自我意识觉醒的又一个表现。因为疤痕，调皮的同学给他起了个绰号“刀疤三郎”，又因为他用手挡着额头发言，同学们哄堂大笑等，这一切，张建都认为是同学在嘲笑他，他既感到很难堪，又产生了一定的对立情绪。

第三，放大自我感受，认知上灾难化。青少年自我意识的发展还表现在容易放大自我感受和体验。压垮张建同学心理的“最后一根稻草”是“想到以后这个疤痕将伴随自己一生”，他把这个疤痕所带来的后果灾难化，进而“越来越自卑”，出现了心理问题。

辅导建议

高中生怎样才能正确认识自我和悦纳自我呢？

首先，保持平常心态，接纳自己的不足。人的一生中，有一些磕磕碰碰是在所难免的。常言道，人生不如意十之八九。追求完美的自我只是一个努力方向，对于生活中已经形成的事实，选择排斥不如选择接纳。对于能通过努力改变的，就去努力改变；对于不能改变的，倒不如悦纳。

其次，学会辩证分析，促进思想升华。学会用联系的观点、发展的观点和矛盾的观点看待自我。自我的发展中包含丰富的内涵，需要全面看待。张建同学关注自我的外在形象，这是青少年的心理年龄特征之一，但自我还有内在的一面，就是自我心理素质、品德素质和能力素质。常言道，失之东隅，收之桑榆。把内在自我发展好，同样可以获得尊重。

再次，学会自我幽默，保持乐观精神。自我幽默是悦纳自我的重要方式之一，也是人生的智慧。能够对自己无力改变的不足自我解嘲，不仅可以释放自己的压力，而且有利于保持积极乐观的人生态度，促进自我心理的强大。张建同学可以这样自我幽默一下："我不是丑，我只是美得不够明显而已。"只有悦纳自我，才能战胜自我，才能强大自我。

心理世界探秘

学会辩证地看问题

世界上的一切事物，都包含着既对立又统一的两个方面。有好必有坏，没坏无所谓好；有大必有小，没小无所谓大。所以看任何事情，都不能只看一面，而要看到对立统一的两个方面。

学习中遇到挫折，不应怨天尤人，而应该想想自己是不是做得不够好，有哪些地方还需要改进；人际关系处理不好，不应针对别人的缺点发牢骚，而应该从自身存在的问题着手，寻找原因；谈恋爱失败了，不应心情低落、沮丧，而应该寻找失败的原因，正确面对，及时调整自己的情绪。

心理成长名言

- 喜欢一个人：始于颜值，敬于才华，合于性格，久于善良，终于人品。
- 一叶蔽目，不见泰山。两豆塞耳，不闻雷霆。——《鹖冠子·天则》

2 走出小我天地宽

心灵故事

菲菲(化名)是一名高三学生,最近情绪低落,总感觉自己一无是处。她上课时常常走神,无心学习,睡眠很浅。这种状态已持续了一个多月。

菲菲出生于农村家庭,父母文化水平低,家庭经济条件很不好。父母在她 14 岁时到浙江打工,她留在老家上学,6 岁的弟弟随父母在浙江上幼儿园。菲菲性格内向、温顺,一直比较听话,家里人经常夸她是个好孩子。

16 岁时升入高中,由于学校离家较远,菲菲选择了住校。她学习非常刻苦,成绩在班级领先,很有希望考入一本院校。菲菲与父母保持每周通话一次,她在电话中常常是报喜不报忧。父母给她的生活费和零用钱,她从不乱花,非常节俭。她不愿意父母为自己操心,总希望能给父母一些安慰,让父母省心。

上了高三后,菲菲感到学习压力很大。半个月前的一次月考,她由于吃坏了肚子,身体不适而发挥失常,成绩下降到了班级第 25 名。她感到非常伤心，认为自己学习那么努力，却考得这么差，考一本院校没有指望了，老师肯定对自己失望了，说不定还会引来同学们的嘲笑。虽然老师找菲菲谈过心，安慰她，让她不要在意一次失败，但菲菲怎么也走不出这次考试失败的阴影，还是越想越伤心。她好几次想给父母打电话，却又放弃了。

菲菲觉得自己非常渺小，甚至有点绝望。她觉得对不起老师，对不起父母……

心理分析

菲菲的心理问题主要是认知偏差引发的烦躁、焦虑、抑郁等情绪障碍。导致认知偏差的主要原因有如下几点。

首先，过强的成就动机。菲菲志存高远，非常要强，这一点在她的学习生活中常有体现，如她非常想考入一本院校，希望父母能看到自己的努力等。过强的成就动机导致菲菲发挥失常，加大了她的心理压力，进而引发了她的认知偏差。

其次，片面的归因方式。事物都有两面性，学会辩证地看待问题是非常重要的。对于一次考试失败，菲菲片面地认为自己成绩下滑，老师不满，担心父母对自己失望，进而放大到感觉自己非常渺小，甚至有点绝望的程度，却偏偏忽视了“身体不适”的客观因素。片面的归因方式，导致了菲菲产生了认知偏差。

再次，失败的痛苦体验。菲菲性格内向，内心体验深刻。考试失利的痛苦记忆，郁积在她的心底，不断膨胀，持续放大。这在一定程度上加剧了菲菲的认知偏差，让她感觉到自己一无是处。因为菲菲自我封闭，心理问题躯体化随之而来，那是必然的了。

辅导建议

纠正认知偏差，有助于菲菲解决烦躁、焦虑、抑郁等情绪问题。那么，如何纠正认知偏差呢？

第一，尝试放松训练，清除情绪障碍。对于菲菲同学来讲，首要的问题是清除情绪障碍。建议菲菲通过以下方式来放松自己：一是可以通过体育锻炼，释放心理压力；二是敞开心扉向好友或师长倾诉，缓解自己的心理压力；三是请心理老师帮助自己进行专业的心理辅导。

第二，走向客观辩证，学会科学归因。不会客观辩证地看待问题，是造成菲菲心理困惑的根本原因。学会科学归因，菲菲同学可以尝试着从两个方面入手：一是就事论事，不要把许多无关的事情扯在一起；二是能够一分为二地看问题，遇到事情找原因，能通过概念、判断、推理等思维形式对客观事物的发展过程做出正确的自我反应。

第三，努力打开心扉，寻求社会支持。导致菲菲产生情绪障碍的其他因素还有她的某些个性特征——有些自闭。人在社会上生存与发展，需要亲人和朋友等提供精神支持。如果菲菲同学主动打开心扉，把自己的心事说给老师、同学或者父母听听，一定会得到他们的悉心指导和热情帮助，这样考试失败这件事就不会带来一系列的问题了。

心理世界探秘

认知偏差有哪些？

过度自信。过度自信会使人有一种莫名其妙的优越感，误以为自己不需要努力就能成功。

过度保守。对变化有天生的抵触和过滤反应，对新信息反馈缓慢且会进行折扣处理，消极对待。

损失回避。厌恶遭受损失，为了挽回损失，宁愿承担自己通常不愿承担的风险。

自我归功。倾向于将好结果归功于自己的能力，而把坏结果归咎于外部环境、坏运气或他人。

后见之明。在事情发生之后，觉得事情本当如此，倾向于忘记当初自己其实设想了多种可能的结局并且无法下结论，过分强调自己当初想到了事情的结局，忽略自己当初也想到了其他的多种可能性。因此，错误地认为自己当初准确地预见到了事情的结局，从而高估了自己的预测能力。

心理成长名言

♥ **有才而性缓，定属大才。有智而气和，斯为大智。**

♥ **如果有一天：你不再寻找爱情，只是去爱；你不再渴望成功，只是去做；你不再追求空泛的成长，只是开始修养自己的性情。你的人生一切，才真正开始。**

——纪伯伦

3 别样的刺激别样的痛

心灵故事

对自己难以抑制的偷窃冲动，王立（化名）在倍感刺激的同时又深感痛苦，这种纠结已经持续一年多了。

王立是一名高中二年级的男生，从小家境富裕，优越感很强。那他为什么要偷窃呢？用他自己的话说就是：我不是为了钱，就是容不得他人比我强。

王立的父母都是机关干部，人脉很广，所以，王立享受的都是优越的就学条件：从小学到初中，他读的全是名校，在班上还担任班干部。就这样，王立顺风顺水地考上了高中。

进入高中以来，王立常常觉得找不到以前的感觉了。期中考试成绩名列倒数，让他面子全无。班长当了两个月，被同学们给选下去了，竞选学生会体育部部长，自己的名字直接被团委书记划掉；就连自己精心组织的足球社团，也遭到了铁哥们的集体退出。

不知不觉中，王立觉得大家都在有意地针对自己，都在跟自己过不去。于是，他悄悄地寻找着发泄内心愤懑情绪的方式。终于，有一天他偷偷扔掉了班长的学习笔记后，看到班长焦急的样子，他感到了前所未有的快感。此后，他又如此这般地偷了几次：偷走了常考班级第一名的同学的作业，让他挨批评；扔掉了团支书的手表，让她伤心大哭；更有甚者，他还悄悄骑走了班主任的电动车，卖了十块钱……

王立觉得自己越来越不像人了，常常在梦中惊醒。他既对大家心存不满，又恨自己灵魂龌龊。几番挣扎之后，王立来到了心理咨询室，请求心理老师的帮助。

心理分析

从王立的偷窃动机来看，他的问题属于因认知偏差而形成的破坏性发泄。概括起来，有如下几个原因。

第一，自我意识过于膨胀。因为过于优越的家庭环境和很不一般的教养方式，王立同学的自我意识过于膨胀。他心胸狭隘，什么事情都要占先，容不得别人比自己强，又性情直率，一有不满就发泄，完全不会顾及其他人的感受。这种过于膨胀的自我意识，使王立在同学之中越来越孤立，也使他错误地产生了“别人总是针对我”的认知观念。

第二，人生观、价值观有问题。同学之间应该和谐共进，互爱共生。彼此的竞争也要公平公开，能输能赢。追求理想必须勤奋务实，坚忍顽强，同时也能接受前进道路上的坎坷和失败。而王立的人生观、价值观显然是有些问题的。他想当领导，却不懂得团结群众；想成绩领先，又不能吃苦耐劳。

当自己的意愿不能实现时，错误的动机使他做出了错误的行为。

第三，个性比较偏执。从王立的行为风格可以看出，他的个性属于偏执型，他冲动、执拗，而且带有相当的破坏性。错误的归因方式，使他产生了错误的行为动机，通过偷窃、破坏的方式来发泄自己的愤懑情绪。他的行为伤害了身边人，也破坏了自己的生存环境，让自己陷于孤立，以致内心矛盾纠结，痛苦不堪。

辅导建议

针对王立同学当前的问题与困惑，知心姐姐李老师给出了三点建议。

第一，要学会认识自己。俗话说，人贵有自知之明。王立同学要学会认识自己，对自己的心理世界进行一次深刻彻底的检验，要清楚地知道自己的问题与不足，积极修正，让自己拥有魅力，受人欢迎。

第二，要确立正确观念。人的一切言行都是受人生观和价值观支配的，拥有正确的人生观、价值观是十分重要的。王立同学要彻底摒弃狭隘的个人英雄主义，当人中人，做实在事，用真诚与宽容和他人相处，用劳动和汗水去追求理想。

第三，能科学管理情绪。人的情绪是不可能被消灭的，我们应该用科学的方法来管理这些情绪。在正确的观念完全确立之前，王立同学的消极情绪和错误动机可能还会出现。建议王立同学在心理老师的指导下制订一个矫正计划，可以用认知领悟、厌恶疗法及合理宣泄等专业手段逐步调整自己。

达克效应

1995年4月19日，一个名叫惠勒的贼在光天化日之下，持枪抢劫了匹兹堡的两家银行。由于他没戴任何面具，警察在调出监控之后，没过多久就将其成功抓捕。惠勒被抓时非常困惑，他认为自己明明在脸上抹了隐形液——柠檬汁，为什么还会被抓呢？

惠勒就是犯罪史上最笨的贼之一。他没有妄想症，也没吸毒。负责本案的警官经询问得知，原来惠勒知道柠檬汁在纸上写字可以隐形之后，他认为把柠檬汁抹在脸上一样可以达到让摄像头拍不到的“隐形效果”。

这个笨到如此境地的贼引起了康奈尔大学心理学教授大卫·邓宁的注意。邓宁教授做了一系列实验来验证自己的想法：最缺乏知识和技能的人反而最无法认知自己的这种缺陷。实验结果证实了邓宁教授的猜测：他让自己的本科生估分，成绩越差的学生给自己估的分越高。同样的事情也会发生在司机身上——那些车技很差的司机普遍认为自己是好司机。

这种认识不到自己无知的现象被命名为“邓宁—克鲁格效应”，简称“达克效应”。

心理成长名言

♥ **最可怕的敌人就是没有坚强的信念。** **——罗曼·罗兰**

♥ **人生最大的灾难，不在于过去的创伤，而在于把未来放弃。**

——海伦·凯勒

成长课堂

1. 厌恶疗法是一种帮助人们(包括患者)将所要戒除的靶行为(或症状)同某种使人厌恶的或惩罚性的刺激结合起来，通过厌恶性条件作用，从而达到戒除或减少靶行为出现的目的。这一疗法也是行为治疗中最早和最广泛应用的方法之一，多用于戒除一些强迫行为。

查阅资料，请为王立同学设计几个行为矫正方法。

(1) ____

____

(2) ____

____

(3) ____

____

(4) ____

____

2. 分析以下几种价值观念和行为存在的问题。

享乐主义＿＿＿＿＿＿＿＿＿＿＿＿＿＿＿＿＿＿＿＿＿＿＿＿＿＿＿＿

＿＿＿＿＿＿＿＿＿＿＿＿＿＿＿＿＿＿＿＿＿＿＿＿＿＿＿＿＿＿＿＿

拜金主义＿＿＿＿＿＿＿＿＿＿＿＿＿＿＿＿＿＿＿＿＿＿＿＿＿＿＿＿

＿＿＿＿＿＿＿＿＿＿＿＿＿＿＿＿＿＿＿＿＿＿＿＿＿＿＿＿＿＿＿＿

个人主义＿＿＿＿＿＿＿＿＿＿＿＿＿＿＿＿＿＿＿＿＿＿＿＿＿＿＿＿

＿＿＿＿＿＿＿＿＿＿＿＿＿＿＿＿＿＿＿＿＿＿＿＿＿＿＿＿＿＿＿＿

投机取巧＿＿＿＿＿＿＿＿＿＿＿＿＿＿＿＿＿＿＿＿＿＿＿＿＿＿＿＿

＿＿＿＿＿＿＿＿＿＿＿＿＿＿＿＿＿＿＿＿＿＿＿＿＿＿＿＿＿＿＿＿

撒谎捣鬼＿＿＿＿＿＿＿＿＿＿＿＿＿＿＿＿＿＿＿＿＿＿＿＿＿＿＿＿

＿＿＿＿＿＿＿＿＿＿＿＿＿＿＿＿＿＿＿＿＿＿＿＿＿＿＿＿＿＿＿＿

应付差事＿＿＿＿＿＿＿＿＿＿＿＿＿＿＿＿＿＿＿＿＿＿＿＿＿＿＿＿

＿＿＿＿＿＿＿＿＿＿＿＿＿＿＿＿＿＿＿＿＿＿＿＿＿＿＿＿＿＿＿＿

第三章
情绪管理

1 小勇是个“火药桶”

心灵故事

小勇同学高大健壮，是校足球队的主力战将。他性格直爽，但容易冲动，一点小事就会大发雷霆，同学们送他一个外号——“火药桶”。

有一次，班级举办新年晚会，同学们都很投入，预备节目表演完了，很多同学自愿上去给大家高歌一曲，气氛十分热烈。小勇平时不喜欢唱歌，但这次他也跃跃欲试，准备给大家唱一首《真心英雄》。正在他像驴叫一般狂吼时，几个女生突然起身要走。班长好言相劝，希望她们能坚持到晚会结束，但这几个女生却怎么也不给面子。小勇一看，不干了，直接摔了话筒，骂骂咧咧地吼了起来。几个女生白了小勇一眼，并没理小勇，直接向门口走去。女生们的这些举动直接点燃了小勇这个“火药桶”。他一下子蹿到教室门口，飞起一脚把门踹上，举起椅子怒吼道：“我看你们谁敢出门！”小勇的这个举动把大家都吓坏了，班主任和几个男生赶紧劝阻。准备离场的几个女生被吓得不轻，很不情愿地又坐了下来。被小勇这么一闹，晚会气氛已然变冷，大家兴致尽失，小勇也颜面扫地。

班主任告诉小勇，他这样动不动就发脾气，真的就像个“火药桶”。小勇认真回忆了一下发生过的一些事，发现自己还真的像个“火药桶”：有一次一位同学把自己的好凳子换走了，自己不究缘由，认为是该同学故意为之，于是气得把凳子踹坏了；还有次放学下楼，身后的同学不小心撞了自己，结果自己不问青红皂白就把那位同学拉到了楼梯口，质问人家为什么要撞人……

如此种种，小勇觉得自己的脾气还真的有问题。于是，他来到心理咨询室，希望老师能帮助他。

心理分析

案例中的小勇之所以像个“火药桶”，其根本原因是：遇事习惯用愤怒的方式进行自我防御。这样做，容易失去理智，被情绪带着去行动。

这种以火爆的方式表达自己的情绪，通常有如下几种原因。

首先，缺乏自我认识。每个人的情绪表达都有特点，最可贵的就是有自知之明。小勇同学有明显的个性缺陷——脾气不好，而他自己对此却一无所知。所以，经常失控是必然的。

其次，缺乏自控能力。情绪是消灭不了的，但可以调控。小勇的“火药桶”常常被点爆，就是因为他不会自控。一个人如果情绪失控成为习惯，那他就会陷入冲动—后悔—再冲动—再后悔的怪圈。

再次，情绪表达过于简单。小勇性情火爆，既有气质类型（胆汁质）的原因，也有他个人修养不足的成分。学会灵活多样的情绪表达方式，可以让自己不至于经常陷于被动和后悔。

辅导建议

心理老师告诉小勇，情绪管理水平的高低直接决定着一个人做事的效率和生存的质量。建议小勇从以下几个方面试着调整自己。

第一，学会情绪内在加工方式。引导小勇重述事件发生的过程，带着小勇去探索他内心对该事件的认知加工模式，由此帮助小勇找出自己的性格缺陷和非理性的表达方式，在心理原点种下情绪管理的意识。

第二，学会科学处理问题。在老师的指导下，小勇辨别出了自己的非理性观念，他学到了一些处理问题的好方法：遇到事情要冷静，可以缓一缓再说话，先听听别人的看法，请一两位好友提醒、劝导自己，也可以选择离开现场等。

第三，学习管理情绪的技巧。掌握了管理情绪的技巧，就能成为情绪的主人。心理老师和小勇一起设计出了一些简单可行的情绪调节方式：转移、宣泄、辩证、升华、倾诉等。

小勇试了几次，感觉很好。两个星期下来，他的"火药桶"一直平安无事。

心理世界探秘

我该让谁来决定我的行动

著名作家哈理斯和朋友在报摊上买了报纸，朋友礼貌地向地摊贩说了声"谢谢"，但摊贩冷脸相对，一言不发。

哈理斯问朋友:“这家伙态度很差,是不是?”

“他每天晚上都是这样的。”朋友说。

哈理斯又问道:“那你为什么还对他那么客气?”

朋友答道:“为什么我要让他决定我的行为呢?”

启示:别人做错事或说话态度差,或许是他的习惯,或许是他当时心情不好,但是我们没有必要因为他而破坏自己的心情。

心理成长名言

♥ 能控制好自己情绪的人,比能拿下一座城池的将军更伟大。

——拿破仑

♥ 怒不过夺,喜不过予。——荀子

2 常年脸上挂愁容

心灵故事

小刚是个农村小伙，小学、初中时性格还算活泼。前年，他考入了县里的重点高中，一年多下来，老师和家长都发现，小刚不会笑了，脸上经常挂着愁容。

进入高中后，新的学习环境与之前大为不同。高一的课程比较轻松，小刚的成绩还算不错。到了高二，一次次的考试失利使他十分焦虑。“许多人学习没有我努力，成绩却比我好，无论我怎样努力也赶不上他们。”小刚还将这种失落的情绪牵连到与同学之间的相处上：“我以前是班长，班上的同学都敬佩我。而如今，我在班上特别不起眼，没有人重视我。我不帅，学习和体育都普普通通，没有什么地方能让别人喜欢。”高二了，班上还有十几个同学没有和他说过话。“我不喜欢跟不熟的人聊天，很少有人能理解我，”他说，“有两三个熟悉的朋友，但是常常觉得他们跟别人的关系比跟我好。”小刚也不愿意和同学打招呼，他认为：“要是打招呼他们不理我，那我岂不是很尴尬？”有一次，他和几个迷恋网络游戏的同学逃掉自习课去网吧，在虚拟的网络世界里，通过玩游戏不断地获得成功的喜悦。时间不久，小刚便深陷其中。近日，他上课经常走神，总是忍不住去想游戏里的情节。回到家里，他不敢告诉父母自己心中的苦闷：“他们怎么会了解我呢？他们一心盼着我能好好学习，将来出人头地，我跟他们说这些，只会伤他们的心。”高二学期末的考试，小刚的成绩大幅度下滑，面对老师和家长失望的眼神，他更加郁郁寡欢。

小刚也常常感到苦闷：这样下去可怎么办呀？

心理分析

小刚在学习上一次次遭受打击，加上他的个性特点，所以他产生了消极情绪。

首先，环境导致了心理落差。小刚自上高中以来，身边的环境发生了很大的变化。与之前相比，他的成绩与受老师、同学的重视程度均出现了一定的落差，使他产生了不小的失落感。长时间的困扰，使他在不良情绪中越陷越深。

其次，学习方法没及时更新。到高二分科后，更精更专的课程对学生的心理素质有了更高的要求。在学习方法上，也需要同学们变被动接受为主动获取。小刚在学习上虽付出了努力，但未能适应学习方式的转变，付出与收获的不平衡使他备受打击，苦闷困惑。

再次，心理困惑缺少沟通。到了高中阶段，学生的心理发展处于一个成人感与独立意识增强的突变期，他们的情绪情感仍具有两极性色彩，情感体验比以前更加丰富、深刻。活跃而又丰富的心理感受，使他们时常渴望被理解，又感到不被人理解；渴望沟通交流，却又常常闭锁心门。沟通交流的缺失，也是小刚脸上挂愁容的重要原因。

辅导建议

怎样才能消除小刚脸上的愁容呢?

第一，帮助小刚找到脸上挂愁容的原因。小刚同学脸上挂愁容的原因有两个方面：一是源于他的气质类型和个性特点，二是源于他被动地适应新环境。小刚可能属于黏液质的气质类型，先天带有内敛、敏感的特点，后天的家庭教养环境又塑造了小刚不善言谈的个性。来到县城上高中，小刚没有主动地了解高中生活的规律，未能适应新的学习要求。久而久之，心中的郁闷就变成了脸上的愁容。

第二，协助小刚找出解愁的方法。找到了问题产生的原因，自然就能找到解决问题的方法。建议小刚：一要学会认识自我，知晓自己的个性特点，尤其要了解自己的个性不足，并主动补齐自己的性格短板；二要系统地了解高中生活与学习的规律，主动完成自我成长。

第三，指导小刚进行相应的训练。小刚同学可以从如下几个方面进行尝试：一是请父母、老师和好友谈谈对自己的看法，便于全面地认识与了解自己。二是张开“金口”诉说，放下面子求人。三是去除杂念，勇于担当，自主学习，自立自强，集中精力上学。四是可以每天读点笑话和幽默故事。五是可以对着镜子练习微笑。

心理世界探秘

情绪改变命运

有一个德国工人在生产一批纸时，不小心弄错了配方，导致工厂生产了大量不能书写的废纸，他也因此被老板解雇了。

失业后的他情绪低落，他的妻子劝解说："变换一种思路看问题，说不定会从中找到有用的东西。"听了之后，他觉得很有道理，开始认真地研究此前的废纸。不久，他欣喜地发现这批废纸吸水性相当强，可以吸干家具中的水分。于是，他把这些纸切成小块，并取名"吸水纸"，拿到市场上出售，竟然十分抢手。后来，他申请了专利，并大量生产这种纸，因此还发了大财。

由这个故事，你得到什么启发？

心理成长名言

♥ 遇到烦恼时，换个角度去思考，不仅心情会变得更好，烦恼的事情也可能会变成成功的机会。

♥ 如果世界上有地狱的话，那就存在人们的心中。——罗·伯顿

3 父母总是吵不休

心灵故事

小茜是一名刚上高一的女生。近日，她为父母之间总是争吵不休而苦恼不已。

小茜家里兄妹四人，她是老大，还有两个妹妹、一个弟弟。小茜觉得自己上小学时爸爸和妈妈还是很恩爱的，那个时候的爸爸和孩子们在一起时总能让孩子们感到愉悦。可是不知从什么时候起，小茜发现爸爸妈妈的关系出现了裂痕，爸爸开始频繁地酗酒、抽烟、赌钱，更有甚者，爸爸和妈妈发生矛盾时有几次几乎要动起手来。小茜曾经壮着胆子跟爸爸说“打女人的男人最没出息”，结果爸爸听了这话还冲小茜怒吼，说她没有资格教训自己。小茜当时吓得和妹妹弟弟缩在一旁不敢再出声。打那以后，爸爸在小茜的心目中变得是那么可恶可恨。

小茜上高中之后，父母依旧经常吵个不停，妈妈准备带着弟弟外出打工。爸爸不争气，妈妈想离婚，弟弟妹妹年幼，家庭困难……面对一团乱麻般的生活，小茜心里特别着急。作为住校生，小茜想好好学习报答妈妈，但内心里又时刻牵挂着随时可能破碎的家。多少个夜晚，小茜躺在床上伤心难寐；多少回上课，小茜听着听着就不自觉地走神了。不知不觉中，大家发现小茜变了，变得郁郁寡欢，双目无神，走路无精打采，做事也常常出错。

后来，小茜主动来到学校的心理咨询室。

心理分析

小茜的家庭关系失去了平衡，父母感情出现破裂，作为家庭中的一员，小茜正处在忧虑与恐慌等复杂消极情绪的困扰中。

首先，家庭矛盾诱发了小茜的心理困扰。面对父母婚姻关系中的不和，孩子大多会产生无助感和恐慌。如若父母没有能力处理好他们的关系，还企图拉上孩子结盟去对抗另一方，在这样的家庭环境下长大的孩子，其性格的形成会受到很大影响。

其次，小茜看待问题和处理问题不够客观冷静。母亲控诉父亲种种不争气，对涉世不深的小茜来讲，父亲势必不再是个好父亲，她会和母亲一样，质疑父亲是否对这个家庭、对他们负责任，甚至放大父亲的不负责任，对父亲产生厌恶与憎恨，这对小茜的未来而言何尝不是一个阴影。

再次，小茜遇到问题不会求助放大了心理困扰。因为传统观念的影响，父母离婚或家庭不和在孩子看来都是一件羞耻的事情，当事人会感到自卑，产生低自尊感，不知不觉中，因主动回避而放大的不良感受会严重影响个体的生活质量。

辅导建议

针对小茜同学的具体情况，李老师尝试进行了如下辅导。

第一，帮助小茜处理情绪。小茜同学能主动来到心理咨询室求助，说明她渴望有人能够理解、接纳她的全部感受。李老师保持了态度中立，做到多倾听，不评价，予以共情。因此，李老师与小茜同学很快建立了信任，形成了可靠的辅导关系。

第二，对小茜进行认知指导。李老师先是启发小茜从父母的关系里分离出来，再让小茜尝试从一个局外人的角度去看待父母的冲突及关系变化，从而能够客观理性地预期并接纳父母关系可能发生的变化，并合理评估自己未来的生活状态。经过沟通交流，小茜同学基本完成了上述任务，得到了较为理性的认知结论：父母吵架是常有的事，即使离婚了也只是家庭关系中的一个遗憾，并非是生活的全部。

第三，帮助小茜健全社会支持系统。李老师启发小茜：遇到困难可以找哪些人求助呢？小茜想了想说：可以求助的人有父母、亲戚、老师、同学和朋友等。李老师告诉小茜，作为社会成员，人们在心理上是需要相互支持的，遇到困难要会求助。面对自己父母的冲突不应独自痛苦，可以找自己的爷爷奶奶、外公外婆等重要的亲人帮忙，请他们来协调父母的矛盾。在以后的人生路上，要在心理上健全自己的社会支持系统，拥有并用好自己的亲友团，遇到困难不能自己一个人闷着。

建立理性想法，改善不良情绪

情绪 ABC 理论认为，情绪结果（consequence）的产生并不是由所发生的事件（activating event）直接引起的，而是通过想法（belief）的中介作用引起的。人同时具有理性和非理性想法，我们在生活中遇到的情绪困扰就是源自非理性和不合逻辑的思考。

例如，小刚因为考试成绩落后而觉得自己以后没有前途了，感到很难过。考试成绩落后就是事件（A），他的想法（B）是觉得自己以后没有前途了，这个不理性的、偏激的想法使他产生难过的情绪（C）。

【示例】

事件：这次考试考差了。想法：我真笨（非理性想法）。情绪：难过、沮丧。

驳斥：

① 这种想法容易引起困扰，会使我感到自卑、没信心。

② 这是我主观的想法。一次考试没考好代表我什么都不行，这样的想法是以偏概全。

③ 难道一次考不好就代表我笨？我不相信我真的什么都不行。

新想法：

① 虽然我考得不好，但这并不代表我是个没用的人。

② 一次考得不好不代表以后都考不好，更不能说明我笨，只要努力就可以改善。

③ 就算我成绩不好，我也另有优点，能在其他方面取得成功。

心理成长名言

- 愉快的笑声，是精神健康的可靠标志。——契诃夫
- 面对太阳，阴影将落在你的背后。——惠特曼

成长课堂

1. 哈佛大学心理学教授丹尼尔·戈尔曼认为情绪智商包含五个主要方面：

(1) 了解自我——监视情绪时时刻刻的变化，能够察觉某种情绪的出现，观察和审视自己的内心体验。

(2) 自我管理——调控自己的情绪，使之适时适度地表现出来。

(3) 自我激励——能够依据活动的某种目标，调动、指挥情绪的能力，它能够使人走出生命中的低潮，重新出发。

(4) 识别他人的情绪——能够通过细微的社会信号，敏感地感受到他人的需求与欲望，认知他人的情绪，这是与他人正常交往、实现顺利沟通的基础。

(5) 处理人际关系——调控自己与他人相处的情绪反应技巧。

请对照上面的参照标准，进行一次自我分析。

2. 常用的情绪调节方法有哪些？

第四章

意志磨炼

1 热度只有三分钟

心灵故事

小明是个帅气的男生，凭着小聪明通过了中考。面对高中学习方式的改变，小明表现出十二分的不适应，因为他对待学习只有三分钟热度。

课堂上，老师正在讲一篇生动而有趣的文章，大家听得津津有味。小明听了一会儿，注意力开始分散，手脚动个不停：一会儿翻翻书包，一会儿看看文具盒，一会儿又被窗外的声音吸引，不停地向窗外看去，思绪已经飞到了远方。当同学们热烈鼓掌时，小明才如梦初醒。但老师讲了什么，小明一脸茫然。而老师竟然点了小明回答问题，小明抓耳挠腮，支吾半天也不知所云。老师无奈地叹了气，就把小明晾在那里了。

类似的情况在小明身上经常出现。比如,看见同学们都在整理错题集,他也学着整理自己的错题,整理了没几天,就把这事儿忘到脑后了。再比如,老师提醒大家学习要积极主动,小明主动早起了三天,第四天就坚持不下去了。家长要求小明学习要勤奋刻苦,他暗下决心,每天晚上要学到12点,可是一到10点半他就哈欠连天,结果也就不言而喻了。做什么都只有三分钟热度,小明也十分苦恼。

小明的妈妈反映,小明从小就是这样,做事情既不安心,又不能坚持,因此经常被批评。家长和老师都想帮助小明改善这种状况。班主任老师思考再三,推荐小明约见了知心姐姐顾老师。

心理分析

小明做什么事情都只有三分钟热度,说明他在意志力方面存在问题。

首先,缺乏明确的追求目标。意志力,是指一个人自觉地确定目的,并根据目的来支配、调节自己的行动,克服各种困难,从而实现目的的品质。小明同学因为内心没有确立明确的学习目标,所以做事情会随时中断,半途而废。

其次,缺乏调节行为的习惯。人的行为习惯是一种心理定式,缺乏调节就会自动运行。由于家庭教养的原因,小明从小就比较随性,“做事情既不安心,又不能坚持”。如果能够主动调节,那么小明的意志力就会得到提升,“三分钟热度”的不良习惯就会得以改善。

再次,缺乏积极有效的激励。面对小明的“三分钟热度”的不良习惯,妈妈采用的多是数落、批评和放任的方式,老师采用的多是惩罚。家长和老师对问题行为长时间的负面强化,使小明也认同了自己的个性缺陷,并且形成了一种习得性无助。

辅导建议

意志力对于人的一生非常重要，那么如何有效提高自己的意志力呢？

首先，树立理想，制定目标，激发成就动机。哈佛大学有一项调查：普通人群中只有3%的人有着清晰而长远的目标，25年后，这3%的人几乎都成了社会精英。研究表明，有了目标，就会有自觉行动，坚持了自觉行动，就会激发成就动机，进而形成顽强的意志力。

其次，着力培养兴趣，注意正向强化。帮助小明磨炼意志可以从两个方面推进：一方面，可以帮助小明着力培养与理想目标相匹配的兴趣爱好，并努力使兴趣与志向结合成“志趣”；另一方面，家长和老师要对小明有信心，并主动对小明施行正向强化，告诉小明“你能行”等。

再次，合理设计进度，注意循序渐进。老子的《道德经》中有这样一句话：合抱之木，生于毫末；九层之台，起于累土；千里之行，始于足下。这说明，好习惯是需要合理设计进度、循序渐进的。小明同学只要目标合理，方法科学，坚持不懈地推进就会有收获。

心理世界探秘

习得性无助

“习得性无助”是美国心理学家塞利格曼1967年在研究动物时提出的。他用狗做了一项经典实验。起初，把狗关在笼子里，只要蜂音器一响，就给其难以忍受的电击。狗关在笼子里，逃避不了电击。

多次实验后，蜂音器一响，在给电击前，先把笼子的门打开，此时狗不但不逃，而且不等电击出现就先倒在地开始呻吟和颤抖，本来可以主动逃避，但却绝望地等待痛苦的来临，这就是习得性无助。

陷入"习得性无助"心理状态的人，不是"真的不行"，而是这种心理让人们自筑藩篱，把失败的原因归结为自身不可改变的因素，缺乏继续尝试的勇气和信心。

心理成长名言

♥ 锲而不舍，金石可镂。——荀况

♥ 我之所以能在科学上成功，最重要的一点就是对科学的热爱，坚持长期探索。——达尔文

2 见到难题就害怕

心灵故事

高中生小蓉虽然头脑聪明，但是她并不快乐，因为进入高中以来，她的数学成绩不断下滑，已经快要在班级垫底了。

了解小蓉的同学都知道，小蓉胆子特别小。一个人走夜路，哪怕是从教室到宿舍，她都不敢。体育课上跳山羊，全班女生就她一个人不敢跳。这也怕，那也怕，一点点的困难都能把她吓得趴下。

在学习方面，小蓉喜欢文科，她的语文和英语成绩优秀，可是数学一直都很“瘸腿”。从初中开始，她最害怕的就是数学了。用她自己的话说就是：遇到难题就害怕，思考难题就头大。因为好面子，小蓉也不愿意开口请教同学，更不敢向老师求教。于是，她要么悄悄地抄同学的作业，要么回家上网搜答案。作业就这样一次次地对付过去了，老师也没有发现什么问题。可是一到考试，小蓉就原形毕露，大片的空白导致她扣分严重。

昨天，又是例行月考，刚刚开考十分钟，小蓉就被一道数学填空题卡住了。小蓉暗示自己要淡定，要勇敢。可是，越是这样，她越是慌张。不知不觉，小蓉觉得手脚发抖，呼吸困难。她想到可怕的考试结果，大脑一片空白，最后考不下去，哭出声来了。

心理老师约见了小蓉，帮助她分析问题，寻找原因。老师发现，对于小蓉来说，许多空白处的题目并非她不会，而是她见到难题就害怕。越害怕越想逃避，于是就形成了逃避困难的心理定式。

心理分析

从小蓉的行为可以判断，她出现了以退缩为主要特征的心理障碍。

首先，个性心理存在问题。小蓉同学胆子小，这也怕，那也怕。由此看来，胆怯、畏缩是她的个性心理缺陷。即使有缺陷存在，通过后天的努力和训练，也是可以弥补的。分析认为，小蓉的个性缺陷是形成心理障碍的主要原因。

其次，学习习惯存在问题。小蓉的学习习惯存在明显的问题。一是讨厌并逃避数学，导致偏科严重，学业发展失衡。二是缺乏意志力，长期依赖答题工具，导致不能独立思考和钻研难题。

再次，消极体验留下阴影。学习的过程，就是磨炼意志、提高素质的过程。小蓉由于先天胆小，在学习的过程中放大了痛苦的体验，形成了心理阴影，所以一遇到困难就自发启动退缩和逃避的应激模式。长此以往，不仅是数学成绩，甚至其他方面也会受到影响。

辅导建议

那么,如何克服退缩的心理障碍呢?

第一,要客观地认识自己。建议小蓉同学对自己进行一次深刻的自我认识,找出自己胆小、畏缩和逃避等个性心理缺陷,并透彻地分析一下这种缺陷可能带来的严重后果。如果能够认识到位,就会积极主动地发展自己、完善自己了。

第二,要持续地激励自己。在学习数学方面,小蓉同学要主动改变思维模式——变“我害怕”为“我不怕”,变“我不行”为“我能行”,变“不做了”为“再试试”等。要给自己鼓劲,不让自己泄气。

第三,要勇敢地超越自己。人的潜能是无限的,只要勇敢地超越,一定会有收获。建议小蓉从以下三个方面进行自我超越:从独立走夜路开始(暗示自己不会有危险),然后到大胆跳山羊(相信自己可以跳过去),再到敢于独立钻研难题(静下心来思考,一定会有收获)。当小蓉有了积极体验时,退缩心理障碍便会得到克服。

心理世界探秘

“房树人”心理测验

“房树人测验”简称 HTP 测验,是国际著名的投射性心理测验。它源于John Buck的“画树测验”,该实验要求被试者画出房子、树和

人，由评定者对绘画内容进行分析，以评估被试者的心理特点及可能存在的心理障碍。

房子，是个体成长的场所，代表家庭、家族、私人领域，喻指安全感。

树，代表个体与环境的关系，喻指生命意义、自我形象、平衡状态。

人，代表个体的自我形象和人格完整性。

心理成长名言

♥ 有志者，事竟成，破釜沉舟，百二秦关终属楚；苦心人，天不负，卧薪尝胆，三千越甲可吞吴！

——蒲松龄

♥ 应该懂得这样一个道理：要努力，努力，再努力；如果开始不成功，还要努力，努力，再努力。

——威·希克森

3 经常说说“我能行”

心灵故事

童童原是一个胆小害羞的女生，常常把“我不行”挂在嘴边。一次偶然的机会，知心姐姐李老师告诉童童说：“自我激励”具有神奇的效果，要经常对自己说“我——能——行！”这使童童受益匪浅。

一次，语文老师给同学们布置了一道作业：阅读一部自己感兴趣的小说，然后写一篇800字以上的读后感。读小说的时候，童童就开始担心了：怎么写呀？哪里能写出800字呀？等等。突然，她想起了知心姐姐的话，便暗自在心里念读了十遍“我——能——行！”在爸爸的引导下，她拟定了写作提纲，大致分配了字数，结果，一个小时不到就写出了读后感。第二天，作业发下来了，老师在上面写道："真棒！要记住——我能行！"

还有一次，班长通知童童他们小组出黑板报。童童暗想，一定要有出色的表现。于是，在小组讨论方案时，她自我鼓励，大胆发言；在准备素材时，她开动脑筋，广泛搜集资料；在设计图案时，她查阅大量资料，大胆参照。在整个过程中，童童在心里重复最多的就是"我——能——行！"黑板报完成后，老师和同学们纷纷竖起大拇指，童童觉得非常开心。

童童尝到了"自我激励"的甜头，于是，便不断地告诉自己"我能行"，也主动地尝试"我能行"。团日活动，童童经过多次思想斗争，勇敢地上台唱了一首歌，声音虽然不大，但大家照样报以掌声。做数学题目时，往日见到就逃的难题，童童要求自己至少进攻 5 遍，结果，有的题进攻 3 遍就做出来了。

因为体验到了"自我激励"带来的快乐，童童不断地用"我能行"来激励自己。各科老师都说童童近来进步很大，家长也说童童比以前自信了许多。两个月后，童童领到了"学习进步奖"。半年后，童童当上了班级的副班长。因为经常投稿，童童还被学校的文学社任命为编辑。

童童非常开心，她充满信心地开始了自己的高三生活。

心理分析

从"我不行"到"我能行"，童童完成了积极的心理成长——自我超越。

首先，转换了暗示的模式。童童以前的自我暗示总是"我不行"，这是一种消极有害的暗示模式，时间久了，就会形成问题人格：消极，自卑，胆怯，退缩，遇到困难就逃避等。不知不觉中，人的潜能就被冰封了。

其次，开发了自己的潜能。与"我不行"相反，"我能行"具有让人意想不到的功能。被人认为“你能行”或经常暗示自己“我能行”，能够帮助个体唤醒自我意识，激发信心，从而成为积极成长的自我——人的潜能就是这样被开发出来的。

再次，促进了积极的行动。心理学家麦基在研究很多人的经历后，提出了一个观点：一个人相信什么，他的未来就会靠近什么。经过不断地强化，童童的内心充满了“我能行”的观念。这样，她就带上了强烈的个人偏好暗示，也会主导自己去佐证自己的心理预期，最终形成一种“我真的能行”的心理定式。

辅导建议

对于不够自信或意志薄弱的同学来讲，不妨尝试进行自我激励。下面推荐几种简单可行的方法：

(1) **确立目标**。真正能激励自己奋发向上的是确立一个既宏伟又具体的长远目标。许多人都发现，他们之所以不能取得较大成就，是因为他们的目标太小，而且模糊。墨子说过：“志不强者智不达。”如果目标清晰且坚定，就能够激发你的动力，锻炼你的意志。

(2) **离开舒适区**。一旦生活在舒适区，你就会缺乏上进心，容易意志薄弱。要想激励自己，就必须挑战自我，主动离开你为自己营造的舒适区。这时体内就会发生奇妙的变化，从而获得新的动力和意志。

(3) **慎重交朋友**。对于那些经常否定和打击你积极性的“朋友”要敬而远之。因为，你所交往的人会不断给你提供心理暗示。只有结交一些信任你、鼓励你的人，你才能不断获取上进的信心和坚持的力量。

(4) **能正视危机**。生活中出现危机并不可怕，可怕的是错误地对待危机。对于睿智的人而言，危机常常是他们自我超越的一次机会。正视危机，科学归因，想办法进取，不找借口逃避，这样，成功的机遇就会出现在眼前。

(5) **从小事做起**。老子在《道德经》中说道："图难于其易，为大于其细。天下难事，必作于易；天下大事，必作于细。"不少同学眼高手低，大事做不来，小事瞧不上。其实，把一件件小事做好，你就会成功；坚持把每件小事做好，你就会与众不同。

(6) **敢于尝试**。有时候我们不做一件事，是因为我们没有把握能够做好。其实所谓的把握仅仅是一种自我的感觉，而到底能不能做好，只有尝试了、经历过才知道。要想激励自己，就要勇于尝试，不要怕犯错。只有这样，你才会真正明白自己到底有多大的能力。

(7) **无须太恐惧**。世上最秘而不宣的体验是，战胜恐惧后迎来了某种安全有益的东西。哪怕克服的是小小的恐惧，也会增强你对创造自己生活能力的信心。如果你一味想避开恐惧，它们反而会对你穷追不舍。

(8) **把握好情绪**。在开心的时候，即便是面对困难，我们也能泰然处之。我们经常处于积极情绪状态时，我们的信念才会坚定，我们的意志才会顽强。反之，如果情绪失控，其破坏力可是非常惊人的。

心理世界探秘

罗森塔尔效应

美国心理学家罗森塔尔考察一所学校时，他从一至六年级随机选了6个班，又从每个班随意抽取3名学生共18人，对他们进行了“未来发展趋势测验”。之后，他很认真地对校长说：“这些学生经过科学测定，他们全都是最有发展前途的人才。”半年后，罗森塔尔又来到该校，发现这些学生的确长进很大，再后来，这18人全都在不同的岗位上干出了非凡的成绩。

罗森塔尔效应告诉我们：赞美、信任和期待具有一种了不起的正能量，它能改变人的行为，当一个人获得另一个人的信任、赞美时，他便增强了自我价值，变得自信、自尊，获得了一种积极向上的内在动力，并尽力达到对方的期待，以避免对方失望，从而维持这种社会支持的连续性。

心理成长名言

♥ **深窥自己的心，而后发觉一切的奇迹在你自己。** ——培根

♥ **自信是走向成功的第一步，缺乏自信是失败的主要原因。** ——莎士比亚

成长课堂

1. 请根据自己的生活填写。

我无法做到的是______________________

我无法实现的是____________________

我无法完成的是____________________

2. 把第一题三个句子中的“无法”划掉，全改成“一定要”。

我□□□做到的是____________________

我□□□实现的是____________________

我□□□完成的是____________________

3. 把第二题三个句子抄写下来，反复大声地读给自己和周围的同学听。

我一定要做到的是____________________

我一定要实现的是____________________

我一定要完成的是____________________

第五章
人际关系

1 为啥跟我过不去？

心灵故事

有一天，咨询室接待了高一学生余晖(化名)：中等身材，文弱清瘦，神情有点忧郁。

余晖来自农村，性格比较内向，父母务农、打工，家庭经济条件一般。升入高中后，他能够认真学习，成绩很好，目标是考上一本院校。

余晖所在的宿舍住着六个人，都是同班同学。余晖性格内向，加之不愿意浪费时间，所以在宿舍里很少与同学交流，也不参与同学们的聊天。因此，余晖与舍友们的关系一般。两个月后，余晖逐渐感觉到其余五个人似乎在有意地孤立他，其中有一个同学总是跟他过不去，经常用言语挑衅。

这个同学比较壮实，学习态度和学习成绩都一般。余晖觉得，他经常找事嘲讽、挤对自己，其他四个同学也时有附和。为此，余晖感到很郁闷。

余晖不愿意将这种情况告诉班主任，他怕处理不好会更加麻烦。终于，在那个同学又一次针对余晖时，余晖责问他为什么总是针对自己。挑衅的同学回答说："我就是看不惯你那个样子！"其他人一起附和，然后哈哈大笑。

余晖已经不想回到宿舍了，一到宿舍就感到痛苦、压抑、不自在。他非常担心会有承受不了的一天，心里反复想着一个问题：他为什么总是跟我过不去?!

心理分析

余晖同学被人际关系困扰着，原因是他欠缺协调人际关系的能力。让我们来分析一下吧。

首先，他未能与舍友进行有效的沟通交流。余晖同学平常"在宿舍里很少与同学交流，也不参与同学们的聊天"，这是导致其与舍友关系紧张的原因之一。当同学嘲讽、挤对他时，他只是忍着，没有能够及时清晰地表明自己的立场、态度。虽然有过一次回怼，因对方的压人气势而中断交流，这无助于问题的解决，余晖更加郁闷。

其次，他缺乏正确的沟通技巧。协调人际关系需要掌握一定的方法和技巧，并根据情况正确使用。本案例中，余晖同学明显缺乏正确的沟通技巧。进入宿舍，他首先自我孤立。当舍友表现出不友好的行为时，他不是忍让，就是暗怒，根本不愿意开口沟通交流，问题慢慢地就变大了。

再次，缺乏师长、朋友的支持。如果在人际交往中遇到问题，经主动沟通交流之后还是无效，就应该积极求助第三方的支持。对于余晖来讲，他可以求助的第三方有自己的父母、老师以及好朋友、同学等。这些人完全有能力帮助余晖解决当前的人际关系问题。可是，余晖消极被动，自我封闭，独自品尝着人际关系障碍的苦果。

辅导建议

高中生应如何建立和谐的人际关系呢?

第一，尊重他人，平等、真诚待人。这是人际关系出现紧张时首先要反思的问题，也是人际和谐的首要条件。本案例中，余晖同学由于个性原因，在宿舍里很少与同学交流，极少参与他们的聊天，无形中就让别人觉得他孤傲、清高。如果余晖能够主动与同学打招呼，对同学表现出一种应有的尊重和友善，许多误会和冲突也就避免了。

第二，主动参与到集体活动中去。同学之间的友谊是在交往中培养出来的。余晖同学自我孤立，独来独往，这是导致他被疏远、被孤立、被排斥的重要原因。宿舍也是一个小社会，是同学们在社会化过程中学习与人打交道的重要场所。即使性格内向，也要积极主动地参与到同学们的集体活动中去，让其他同学能够产生一种被尊重的感受。这样，既是对同学的尊重，又能锻炼自己。

第三，构建良好的社会支持系统。良好的社会支持系统是一个人心理健康的重要条件。余晖同学的社会支持系统显然是不健全的，他在宿舍里自我孤立，对老师、同学自我封闭，从来不愿意开金口求人，更不愿意向别人敞开心扉。建议余晖同学排除自己的心理障碍，把自己的师长、同学和朋友充分地利用起来，让他们在自己困惑时能够伸出援手，及时地拉自己一把。

心理世界探秘

人际关系的意义

(1) 人际交往是人身心健康的需要。

(2) 人际交往是人获得安全感的需要。

(3) 人际交往是人确立自我价值感的需要。

(4) 人际交往是人发展的需要。

(5) 人际交往是人生幸福的需要。

人际交往的九大黄金法则

(1) 尊重他人。(2) 学会倾听。(3) 真诚赞扬。

(4) 学会宽容。(5) 换位思考。(6) 遵守规则。

(7) 乐于助人。(8) 公道正派。(9) 经常微笑。

心理成长名言

♥ **人脉是一笔巨大的潜在财富。**

♥ **把别人看成天使，你就生活在天堂里。把别人看成魔鬼，你就生活在地狱中。**

2 我不会拒绝同学

心灵故事

小田是一个内向、胆小的温婉女生，大家都说她是老好人。可是，大家却不知道，小田近来一直在为自己总当老好人而苦恼呢。

小田告诉知心姐姐李老师，自己出于热心，常常会主动帮助同学做一些事情。因此，大家都认为她是个老好人，有事就会来找她。殊不知，小田也有自己的委屈，她每次都不懂怎么拒绝别人，人家一开口求助，自己就不假思索地答应了。有时觉得为难想拒绝，但又怕拒绝后同学关系会不好。就这样，常常是帮了别人，却误了自己。小田时常责问自己，这是善良还是太傻？自己应该拒绝还是继续？

最近发生的两件事，让小田委屈不已。

其一是上周三，小田本想在食堂吃完饭就去上自习，却接到室友“夺命追魂 call(电话)”,请求小田帮忙打包一份盒饭并送到宿舍。小田因为不好意思拒绝,只好牺牲自习时间,满怀委屈地拎着饭盒给室友送到宿舍。结果晚自习迟到了,被老师批评了十多分钟。

其二是上周六,室友邀约她一起出去逛街,可是小田想去图书馆自习。她很想回绝,但就是开不了口,只好内心挣扎地陪室友逛街,逛了整整一个下午。晚上,其他室友又提议去 KTV 唱歌。为了让自己看起来合群,小田又牺牲了自己的阅读时间。结果,周末作业没有及时完成,又遭到了老师的批评。

小田告诉李老师,大家只知道自己为人不错,但内心的苦恼他们并不知晓。小田最近很郁闷,不知道自己该怎么办。

心理分析

小田的苦恼是因自己不会拒绝他人而产生的情绪障碍。

在人际关系中一味地做老好人是一种不健康的心理模式。不会拒绝,也不能自如地提出要求,又怕被别人拒绝的心理状态,在心理学上被称为“被拒敏感”。老好人虽然口碑好,但常会因为麻烦事多而陷于苦恼,是典型的“死要面子活受罪”。小田同学的苦恼主要有以下几个方面的原因。

首先,对助人的边界认识不清。乐于助人,是中华民族的传统美德。乐于助人不是无限的,应该有符合常理的边界:一是帮助真正需要帮助的人,二是在助人过程中自己感到快乐。小田同学的苦恼真正来于自己,因为不加限制地去帮助别人,既辛苦了自己,也助长了他人对自己的利用。

其次,性格懦弱导致不敢表达。一个性格健全、做事果断的人,会温和而又果断地拒绝他人的不合理要求，时间久了，过分的人会望而却步。反之，性格懦弱、太好说话的人，因为不敢表达自己的真实想法而会陷入源源不断的烦恼之中。一个人要想活得舒服，既要融入集体，又要独立自我。一个人总是“打掉门牙肚里咽”，这显然是人格不够独立的表现。

再次，不懂得合理拒绝的技巧。拒绝别人是需要一定技巧的。在本案例中，小田同学遇到的好多额外的事，大都是可以合理拒绝的。比如，她实事求是地告诉同学，自己要赶着去上课不能帮忙，同学也能理解。再比如，她委婉地告诉同学，自己要写作业，不能陪大家去玩，同学不会难堪。再比如，找个借口中途离场，也完全在情理之中等。事实上，既合理拒绝又不伤及情面的方法有很多，只是小田没有去主动尝试而已。

辅导建议

同学们在与人相处的过程中如何学会合理拒绝呢？

第一，要分清边界。乐于助人的美德还是要传承的，不能什么求助都一概拒绝，这样也不利于建立和谐的同学关系。建议小田同学学会思考，能够分清他人的求助哪些是合乎情理的、是自己力所能及的，这些要帮；哪些是超出范围的，会影响自己生活的，这些不能帮。他人的请求，只要稍加思考就可以分清性质和边界。

第二，要坚持原则。做老好人也是要有原则的，否则会失去自我。对于不合理的请求不加拒绝，就是缺乏原则，也会有麻烦上身。帮忙的原则是：对人有利，符合人情事理；力所能及，不严重影响自身的生活；有来有往，属于互帮互助等。对于那种使唤别人成习惯的人，可以委婉拒绝，也可以敬而远之。

第三，要掌握技巧。拒绝是一门学问，如果不掌握技巧，可能会彻底得罪别人，造成冲突。拒绝技巧有很多，可以根据情况选用：一是委婉地拒绝，“如果我有时间的话会……”；二是温和地拒绝，“不好意思，这次不行……”；三是巧妙地拒绝，“我也正愁着呢……”；四是直接地拒绝，“不行的，我没有时间”；等等。

心理世界探秘

人际关系中的三种法则

黄金法则：你想要人家怎样待你，你就要怎样待人。

反黄金法则：我这样待你，你也要这样待我。

白金法则：一解是，别人希望你怎样待他，你就怎样去待他。另一解是，你怎样对待我，我就怎样对待你。

黄金法则是人际关系的硬通货，人际关系中最重要的就是付出与舍得。

反黄金法则是烦恼的源泉，这种人持有付出定要回报的心态，当心理预期被打破时，心态就会失衡，就会感到烦恼、痛苦，甚至失去理智。

白金法则颇有当代人的现实风范，是很多人持有的现实原则。虽不高明，但也无大碍。

心理成长名言

♥ 最难忍受的孤独莫过于缺少真正的友谊。　　——培根

♥ 当好人,但不要当老好人。

3 班长有个小圈子

心灵故事

高一(2)班的小龙(化名)是一个敢说敢做的阳光男生，高挑、刚健、直率、勇敢。他在军训汇操时的精彩表现给全校师生留下了深刻的印象。

期中考试后的一个傍晚，小龙走进了心理咨询室，向知心姐姐李老师诉说了自己的苦恼。

小龙说，凭着在军训中的突出表现，班主任朱老师推荐他为班长。经过简单的选举程序，他顺利当上了班长。

小龙既觉得荣幸之至，又感觉责任重大。他当众表态，一定不能辜负老师和同学们的信任，要帮助老师管好班级，努力做老师的好助手。小龙想，个人的能力和精力都是有限的，要想管好班级，必须充分发挥班级骨干特别是铁哥们儿的作用。于是，他挑选了几个得力干将组成了班委：像张飞一般直率的于大壮做了纪律委员，像小鸟一样可爱的刘雨菡成了文娱委员，炮筒子似的牛牛成了体育委员，等等。为了提高工作效率，小龙采用分包制，将任务分给一些同学。他们经常在一起讨论如何开展工作，商量怎样完成任务。为此，小龙还多次自掏腰包请大家吃饭。两个多月过去了，小龙忙得不亦乐乎。班级里掀起的几次小波澜都被班委团结一致地给“镇压”下去了。小龙自我感觉很好，直接就成了代理班主任。谁知期中考试过后，朱老师约谈了小龙，告诉他班上最近有不少人议论，说班长有个小圈子，做事太武断。十几个同学和部分家长直接要求改选班委，把小龙换掉。

小龙一听，直接怒了。他摔门而出，冲出了朱老师的办公室。他怎么也想不通，自己付出了这么多，为什么却换不来大家的赞同呢？

心理分析

小龙的心理困扰主要来自付出不被理解的客观现实。产生此类困扰的原因主要有如下几点。

第一，追求完美。有完美情结的人，遇到不顺心的事，一旦处理不好或无法应对，就可能产生心理困扰。分析认为，小龙有着追求完美的情结，志存高远，激情豪迈。他非常希望得到老师、同学的全面好评。他一厢情愿地投入了全部的精力、感情和人脉，甚至多次自掏腰包，不惜破费。追求完美，使小龙把自己推向了没有退路的境地。

第二，过于敏感。有完美情结的人，往往对否定性评价比较敏感。从小龙的反应中可以看出，他不够冷静，片面且冲动，对否定性评价非常敏感。常言道，“偏听则暗，兼听则明”，“良药苦口利于病，忠言逆耳利于行”。可是，小龙偏偏缺少这样的智慧，对于同学们的异议，他不去反省自己，而是调动力量“镇压”。过于敏感的反应，必然会引发一系列缺少理智的行为。

第三，不会统筹。班长，大小也是个官。班长的作用是上传下达，统筹兼顾。作为班长的小龙，他的出发点是好的，但有些做法显然是不合适的，主要表现为：角色错位，不会统筹，以自我为中心，特立独行。作为班长，既要对老师负责，也要有群众基础。要管理好班级，“各派力量”须统筹兼顾。“内阁成员”全部任用自己的铁哥们儿，肯定是要“倒台”的。

辅导建议

作为班长，小龙应该如何走出付出不被理解的心理困扰呢？

首先，要作风民主，平等待人。学生时代的班长，是最不应该拥有官本位思想的。在协助老师管理班级的过程中，班长应该充分领会老师的意图，带领班委把班级管理好，把班风建设好。班长不能有任何的官架子，要作风民主、办事公道，要做到对所有同学一视同仁。这样，才能得到大家的信任。

其次，要学会包容，反思改进。管理好班级不是一件容易的事，众口难调也是常事，被人误会甚至遭受非议也不足为怪。作为班长，要心胸宽广，博采众议，做到宽容大度，反思改进，千万不能过于自我、斤斤计较、一点委屈也吃不得。这样，才能赢得同学们的敬佩。

再次，要团结同学，共同发展。班长是老师管理班级的助手，也是反映同学们心声的代表。因此，班长一定要能代表全体同学的利益，更要得到全体同学的拥护。作为班长，要努力让更多的同学参与到班级工作中，尤其是注意吸纳“圈外人”入阁。这样，才能团结同学，共同发展。

心理世界探秘

改善人际关系的9个方法

(1) 关爱他人。(2) 换位思考。(3) 求同存异。

(4) 真诚坦荡。(5) 主动热情。(6) 知错就改。

(7) 宽厚大度。(8) 尊重他人。(9) 提高修养。

心理成长名言

♥ **一个永远不欣赏别人的人,永远也不会被别人欣赏。**

♥ **成功来自于85%的人脉关系,15%的专业知识。** **——卡耐基**

成长课堂

1. 人际关系自我调查:

我喜欢的老师:______________________________

我不喜欢的老师:______________________________

我喜欢的同学:______________________________

我不喜欢的同学:______________________________

2. 这样做，我会拥有更好的人缘：

第六章
压力应对

1 面对挫折不用慌

心灵故事

小马是某校高三的一名男生。马上就要进行全市统考了，小马却走进了心理咨询室。这个身高体壮的男生一坐下来，就语无伦次地嘟囔着："要是高考考成这样子，我一辈子就完了！"心理老师注意到一个细节，小马坐下后，他的双手一直紧紧抓住大腿外侧的裤子，显得非常拘谨。待心情平静一点后，小马告诉老师，连续两次数学周练没有考好，他压力特别大。

据了解，小马平时的成绩并不差，属于班级里的尖子生，即便数学考试偶尔会失误，但是其他科目成绩仍然突出。学校高三年级共有学生 1 000 多名，小马的成绩排在前 50 名，考上一所好大学是没问题的。但是前两次的数学周练，他的成绩居然下滑了不少。第一次没有考好，他安慰自己，下次一定能考好。但是第二次数学周练的分数依然很低，小马不禁怀疑自己的学习能力有问题。最让他难受的是，爸爸知晓他的成绩下降后，不停地说“要是高考考成这样子，你一辈子就完了”等一些让他不舒服的话。

爸爸的话给了小马很大的压力。他表示，自从受到爸爸批评后，每次考试都莫名其妙地紧张，甚至在上课时也会注意力不集中。有一次，老师提问，一贯表现突出的小马，在站起来的那一刻脑子里竟然一片空白，老师和同学都露出了诧异的目光。然而在落座后，小马才发现问题其实很简单。

心理分析

小马同学的问题是心理压力过大造成的，让我们来具体分析一下吧。

第一，对问题的归因不到位。小马同学明显是折翼于两次数学考试的失败。对于成绩优异的他来说，他过分看重他人的评价，而不是科学地分析考试失利的原因。假如小马找出自己考试失利的原因，比如，是近期学习不扎实，或者是考试时过于急躁等，就不会出现一连串的不良反应了。

第二，对他人的评价不分析。小马同学有如此不良反应，显然是被爸爸的话吓住了。来自爸爸的评价，只是众多他人观点的一种，不一定科学、客观，小马应该全面、客观、冷静地进行分析，而不是不加分析，全面接受。错误的认知和不良行为的强化，造成了小马的心理问题。

第三，对压力的应对不科学。作为一名高中生，我们要学会自我减压，而不是任由压力肆虐。科学减压的方法有很多，比如，做深呼吸，然后开始想象美妙的情境；再比如，通过适量的运动来释放压力；还有，可以通过改变对压力的看法，学会科学归因。当然，见效最快的就是找专家进行心理咨询了。

辅导建议

感受到过重的心理压力后，除了请人疏导外，还可以进行自我心理调节。

首先，学会客观认识挫折和压力。挫折和压力具有双重性，既有消极的一面，也有积极的一面。个体遭受挫折后，要客观、冷静地分析自己的目标、方法、阻力，找到问题的真实原因，通过总结经验教训，寻找并改善自身不足，更好地促进个人的发展。

其次，学会运用心理防御机制。挫折使人的心理平衡遭到破坏，学习运用心理防御机制可以暂时稳定个人的内在世界，达到恢复心理平衡的适应性倾向。然而，有些心理防御机制是消极的，多少带有自欺欺人的色彩，并不能真正解决问题。因此，科学归因与正确运用心理防御机制十分重要。

再次，加强锻炼自身的意志力。产生挫败感时，可以通过自我激励的方式进行调节，解除由挫折而产生的不良情绪的困扰，恢复乐观、积极的态度，唤起自信心。同时，在生活中不断培养自己面对困难的心理承受力，以提高应对挫折的能力。

心理世界探秘

什么是心理压力?

压力是心理压力源和心理压力反应共同构成的一种认知和行为体验过程。

心理压力即精神压力,现代生活中每个人都有所体验,心理压力总的来说有社会、生活和竞争三个压力源。压力过大、过多会损害身体健康。现代医学证明,心理压力会削弱人体免疫系统,从而使外界致病因素引起肌体患病。现代生活的压力像空气一样无时无刻不在挤压着人们。

心理成长名言

♥ 在经常监督的压力之下成长的人们,不能希望他们多才多艺,不能希望他们有创造的能力,不能希望有果敢的精神,不能希望有自信的行为。

——赫尔巴特

♥ 挫折是块磨石,把强者磨得更加坚强,把弱者磨得更加脆弱。

2 走过学习的高原期

心灵故事

小溪同学来到心理咨询室后，一直表现出愁眉苦脸的样子。

小溪告诉知心姐姐朱老师，他最近的学习状态很不好。朱老师通过一番了解，发现小溪同学刚上高中时成绩平平，但是进入高三以来，进步很大。小溪高二下学期的期末考试成绩在年级排名是第 66 名，高三第一学期的首次月考一飞冲天，一下子跃居年级第 30 名。在紧接着的期中考试中，他又再创新高，上升到年级第 23 名。最近一次月考，小溪再次撑大了老师和同学们的眼球，破天荒地考进了年级前 20 名。

家长、老师都惊喜于小溪的飞速进步。但是，小溪有自己的苦恼。他告诉心理老师，比起这学期刚开学时的学习状态，他现在的状态很不好。学期过半，他发现自己没掌握的东西太多了，比起一开始复习时的得心应手，现在的他不知道该如何复习，好像所有的难点都冒出来了。他觉得非常沮丧，认为自己这么长时间的努力也将付之东流。小溪说，之前考试之所以能够看起来进步很快，那是因为考试的内容恰好都在自己的复习范围之内，而他知道幸运不可能永远眷顾自己。他还说，学习犹如逆水行舟，不进则退。他担心自己目前的学习状态如果得不到调整，下一次考试会被打回原形。

小溪告诉朱老师，现在的他非常困惑，相当无助，觉得无论怎么努力也无济于事。

心理分析

小溪同学近期所遇到的问题，正是心理学上所说的“高原期”（亦称“高原现象”）。为什么在学习的过程中会出现高原期呢？

首先，学习方法比较刻板。许多同学没有根据复习的进程及时地调整自己的学习方法与策略，死板教条，千篇一律。学习方法的僵化，是造成出现高原期的原因之一。

其次，过度学习导致身心疲惫。高三下学期的学习生活是相当紧张的，同学们基本上是夜以继日地在题海遨游，整个人的身心十分疲劳。当疲劳感积累到一定程度时，就会感觉自己身心乏力，头脑发胀，高原期便随之出现了。

再次，学习意志薄弱。有的同学本身就存在意志薄弱的特点，一遇到困难就失去信心，不自觉地出现如徘徊、逃避、自卑、紧张、焦虑等心理及行为特征。其实，很多困难是需要咬紧牙关才能挺过去的。

辅导建议

怎样走过学习的高原期呢？

第一，要优化学习方法。在高考复习的不同阶段，复习内容不一样，学习的方法也不应该完全相同。建议同学们积极优化自己的学习方法，要根据不同阶段的复习内容，选取适合的思维方法与策略。

第二，要保持身心健康。疲劳和厌恶是降低学习积极性的重要因素。学习与其他活动一样，如果长时间持续进行，超过某种限度和强度时，或由于心理原因，就会产生疲劳和厌恶感，这个时候会导致细胞缺乏内源氧，表现为精神涣散、倦怠、厌恶、反应迟钝、情绪不安等，学习效率也就下降了。

第三，要增强学习意志。高强度、大容量、长时间、形式单一的学习会严重消磨同学们的意志。同学们需要明确目标，加强耐心，自我激励，咬紧牙关，坚忍顽强，在克服困难的过程中不断提升自己的意志力。

测一测吧

压力测试

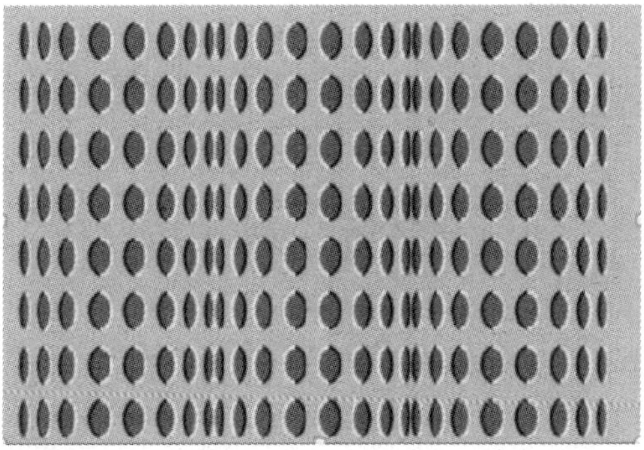

这是一张静止的图片，一般人看到图片，会觉得它在动。图片与心理压力有关，心理压力越大，图片转动越快。

心理成长名言

♥ 人们最出色的工作往往在处于逆境的状况下做出。思想上的压力，甚至肉体上的痛苦都可能成为精神上的兴奋剂。——贝弗里奇

♥ 一个人若能为别人的生命与人道的法则着想,纵使他正在为自己的生命挣扎,并处于极大的压力之下,也不会全无回报的。——丘吉尔

3 告别困惑和迷惘

心灵故事

小茜同学最近陷入了心理困惑之中，她不知道自己该怎么办。

小茜是一名刚上高三的女生。她的语文和英语成绩很好，唯一不足的是数学成绩，数学考试总是不尽人意。小茜告诉知心姐姐，在高一、高二的时候，她非常喜欢数学老师，因为数学老师是一位帅气的男老师，很像自己喜欢的一位“男神”偶像。那时候她虽然数学成绩一般，但对数学还是很感兴趣，很有信心。到了高三，学校进行了重新分班，换了一位有点“妖气”的女老师，年纪不大，脾气却不小。小茜说自己一下子没法适应新老师，总是不自觉地拿两个老师做比较，怎么想都觉得现在的数学老师不如之前的那位男老师好。

开学不久，小茜的家长拜访了老师，新数学老师提高了对小茜的要求，希望她能把数学成绩提上去，甚至还主动“开小灶”帮小茜补习数学。虽然在数学上下了不少功夫，可是小茜每次数学考试的成绩仍然不好，甚至越来越差。久而久之，她对现在的数学老师产生了逆反情绪。

最近一段时间，小茜只要拿到数学题目，她的手就会发抖。在数学考试的时候，甚至连笔都握不住。小茜越想越烦躁，她不断地认为自己根本就不是学好数学的料，甚至还对自己的未来感到迷惘。

班主任劝小茜找知心姐姐朱老师咨询一下，小茜连连摆手，说心理咨询没用。在班主任的再三要求下，小茜走进了学校的心理咨询室。

心理分析

通过分析，朱老师发现小茜同学的困惑和迷惘，是因为她偏执于自己的好恶而形成了心理障碍。虽然没有现实冲突，但无形的心理压力让她难受不已。出现这种情况主要有如下几个方面的原因。

首先，认知水平不高，归因方式不科学。分析认为，小茜对人对事的认知方式是有问题的，比如，她看待数学科目的方式有问题。再比如，她看待新的数学老师的方式也有问题。还有，她遭遇困境后对问题的分析常常使用向外归因。

其次，行为方式固化，不愿接受新事物。小茜同学的行为模式体现出一种倾向，不愿主动接受新事物，不愿主动适应新环境。到了高三新班级，她不适应；换了新的数学老师，她也不适应。从表面上看，这是发生变化所致，本质上是小茜自己的问题。

再次，不会自觉调适，容易受情绪控制。高三学生是要面对一些心理压力的，要学会调控自己的情绪。主动调适的人，会很快走出情绪的影响；固守自我的人，则会陷入情绪的包围之中不能自拔。小茜就属于后者。

辅导建议

小茜同学怎样才能尽快地走出当前的迷惘呢？朱老师给出了三点建议。

首先，要正确认识自己，科学归因。认识自己，是完善自己的开始。建议小茜同学学会认识自己，尝试科学归因。可以认真地与自己进行一次对话，全面而深刻地了解自己，遇到问题多从自身找原因。

其次，要完善自我，主动适应。小茜当前的诸多麻烦都是自己的个性短板造成的。扬长补短，才能够让她自己在以后的日子里少失误、少麻烦。主动适应新环境，就不至于经常陷入被动，措手不及了。

再次，要学会求助，走出迷惘。高中生产生困惑和迷惘并不可怕。一般的问题，既可以自己想办法解决，也可以请好友参谋。较大的问题，则需要积极主动地寻求帮助，家长、老师或心理专家都是可以求助的人。

为你支着

缓解压力的办法

同样的事情对于不同的人产生的压力是不同的，原因就在于每个人都有自己的思维习惯，而错误的思维习惯会造成更大的压力。我们可以通过下面的几种方法来改善自己的思维习惯。

(1) 埋头于琐碎的事情可以减压，因为当你集中精力去做这些琐碎的小事时，会暂时不去想那些给你造成巨大压力的事。

(2) 压力过大的时候可以先行动再思考。

(3) 顺其自然地看待事情的发展。

心理成长名言

♥ 开拓者的生命，难免有失败的纪录。但是，凭着永远进击、不屈不挠的拼搏精神，他们终能如愿以偿，高唱凯歌。

♥ 在失败时，企求得到别人的怜悯和同情，将会导致自卑，在成功时，奢望得到更多的荣耀和掌声，将会导致自负。

成长课堂

1. 说一说:作为高中生,你的心理压力来自哪些方面?

2. 写一写:请分析一下自己压力的成因,并列出解决办法。

第七章
道德健康

1 无知无畏太可怕

心灵故事

班里新转来一个女孩，名叫小丽，古怪，爱哭，不讲卫生，急了还会骂人……女生们都躲着她，几个调皮的男生则经常故意捉弄她。

平时传作业本，如果拿到小丽的本子，一排人会故意地用两个手指捏着扔过去，好像碰了会得传染病似的。有的男生更顽皮，喜欢走过她的桌子时故意撞一下，让她的书散落一地。每次遇到这种情况，一群人都会哈哈大笑，而小丽只能一个人收拾，然后默默地流泪。几次下来后，小丽不只是哭，她还学会了骂人。

一回，几个女生故意大声地嘲笑小丽，说她身上有异味，边说边哈哈大笑。小丽一走过，她们不约而同地捂住鼻子躲到一边。小丽一边哭泣，一边破口大骂，结果小丽被老师批评了。又一回，男生们上演闹剧，两个男生故意夸张地学小丽走路，一会儿一瘸一拐，一会儿又摇摇摆摆，引来了哄堂大笑，惹得小丽再次哭骂。老师一来，大家立刻恢复了平静，只有小丽在骂人，小丽又被老师批评了。

这几天小丽感冒，经常大声地擤鼻涕，用完的纸巾还喜欢堆在桌子上。昨天晚自习，几个同学趁小丽不在，找来一个蛋糕盒，把她擦鼻涕的纸巾全都放了进去。小丽回来发现后，情绪失控，先是号啕大哭，然后冲出了教室。

小丽从三楼跳了下去，生命之花瞬间凋谢。同学们惊呆了，玩恶作剧的几个同学也被警察带走了。

心理分析

小丽的悲剧，说明一些同学对待生命、道德和法律缺少应有的敬畏心。

首先，缺少对生命的敬畏。生命对我们来讲只有一次，失去了便不会再来。生命的价值是至高无上的，生命应该得到我们的敬畏。小丽虽然有些邋遢和古怪，但她也拥有生存和学习的权利，她的生命同样是宝贵的。坏习惯可以慢慢改，绝不应该成为制造悲剧的理由。

其次，缺少对道德的敬畏。道德是人们共同生活及其行为的准则和规范。关爱同学，尊重同学，这是现代中学生最起码的道德，也是做人的底线。如果突破了道德的底线，那么一个人就难以立世。小丽失去了生命，捉弄她的同学则失去了道德和人心，此后的日子里，他们一定会生活在谴责和愧疚之中。

再次，缺少对法律的敬畏。法律是文明社会人人必须遵守的行为规范系统，带有一定的约束力和强制性。遵守法律的人，会受到法律的保护；违犯法律的人，则会受到相应的惩罚。捉弄小丽的有些行为明显触犯了法律。小丽跳楼致死，他们是一定要承担法律责任的。

俗话说，“人在做，天在看，不是不报，时候未到”。缺少敬畏之心，就会为所欲为。为所欲为，是一定不会有好结果的。

辅导建议

如何培养高中生的敬畏之心呢？

第一，培养敬畏之心，在认知上要知好歹。读书最大的作用是帮助一个人明理，也就是明白为人处世的道理。高中生要主动学习中华民族的传统美德，牢固树立起自己的是非观、善恶观、义利观等，并用其来指导自己的一切言行，使自己不致偏离轨道。

第二，培养敬畏之心，在情感上要明荣辱。为人处世，以什么为荣，以什么为耻，一切都要分得清清楚楚，绝不可含含糊糊。建议同学们好好学习社会主义荣辱观，在道德情感上要做到两点：常常体验光荣与自豪，享受光明与坦荡；自觉摒弃卑鄙与放纵，远离耻辱与羞愧。

第三，培养敬畏之心，在意志上要会自律。常言道：“人之所以知错不改，是因为上一次痛得还不够。”看看血淋淋的交通事故，人就会自觉遵守交通法规了；听听贪官们痛心疾首的忏悔，人就会廉洁自律了。

生命是宝贵的，道德是严肃的，法律是神圣的。大自然中的一切，都值得我们敬畏。我们的一切言行，应该符合天道与人心，遵循道德和法律。“畏则不敢肆而德以成，无畏则从其所欲而及于祸。”

让我们记住朱熹的话：“君子之心，常存敬畏。”

了解一下吧

社会主义荣辱观

以热爱祖国为荣，以危害祖国为耻。

以服务人民为荣，以背离人民为耻。

以崇尚科学为荣，以愚昧无知为耻。

以辛勤劳动为荣，以好逸恶劳为耻。

以团结互助为荣，以损人利己为耻。

以诚实守信为荣，以见利忘义为耻。

以遵纪守法为荣，以违法乱纪为耻。

以艰苦奋斗为荣，以骄奢淫逸为耻。

心理成长名言

♥ **有两种东西，我对它们的思考越是深沉和持久，它们在我心灵中唤起的惊奇和敬畏就会日新月异，不断增长，这就是我头上的星空与心中的道德定律。**

——康德

♥ **热爱生命是幸福之本，同情生命是道德之本，敬畏生命是信仰之本。**

——周国平

2 怎么全都考不好？

心灵故事

张森是一个高个子男生，从小到大，他一直被老师和家长认为是聪明的孩子。可是，最近一段时间，他每次考试都失败。他越是想考好，越是考不好。

本学期开学以来，张森上课时注意力一直不能集中。听课时，不知不觉就走神了，做作业时总是不自觉地转笔、抖腿，经常犯一些低级错误。以前，他的成绩一直处于中上水平，还算平稳，但高三以来，平时考试发挥很不稳定，尤其是数学，简直到了惨不忍睹的地步。张森一直自认为数学成绩好，上课总是心不在焉。数学老师找他交流过几次，他总说老师讲的题目他都会，而且较难的题目也都做得出来，但就是粗心大意扣了好多不应该扣的分，比如缺少计算步骤，计算错误，答题不规范，卷面不整洁，等等。这些问题状况先是出现在数学学科上，后来又扩展到物理、化学两门学科。经几位任课老师数次提示，张淼不敢再大意了。

张淼也很苦恼，他在和班主任老师以及任课老师交流的过程中表示，他一直想努力改变这种状况，每天给自己设定要完成的目标，但是在坚持了几天之后就坚持不下去了，心根本静不下来。一会儿担心这个，一会儿又害怕那个，但想来想去都会归结为一个问题：自己天天都在学习，可为什么就是考不好呢？

心理分析

分析认为，张淼出现这种学习状况的主要原因有如下几点。

首先，自以为是，不务实。张淼从小就被夸聪明，他认为没有事能难倒自己。在做数学题时，对于难度较大的题目他都能做出来，因此更加觉得自己聪明，认为自己学什么都很快。渐渐地，他变得心浮气躁，眼高手低。

其次，练功偷懒，不踏实。一直以来的优势感，使得张淼在高中学习时只关注了老师讲的自己都懂，而忽视了“都会”与“都对”的差异，因此对待学习没有做到脚踏实地、认认真真，而是蜻蜓点水、走马观花，只求“大概”，不求“全部”，没有练就扎实的基本功。

再次，心浮气躁，不安宁。张淼由于基础没有打牢，对所学的知识未能完全掌握，所以会出错；又由于做题习惯不好，所以出现答题不规范、计算不准确等问题；加之高三学习压力增大，对做题感到烦躁或者是有阴影，就出现低级错误频繁发生的怪现象。

辅导建议

高中生如何在学习上做到务实呢?

第一,学习要脚踏实地,不能眼高手低。“骐骥一跃,不能十步。驽马十驾,功在不舍。”要养成课前预习、课后复习的习惯,及时查漏补缺,完善所学的知识面,树立自信,要细心、耐心、虚心地学习各类知识。

第二,学习要细致严谨,不能粗心大意。哲人说,“智者用心走路,凡夫用脚走路”。在学习的过程中,同学们应当有意识地坚持高标准、严要求,讲究条理,事情做完之后要认真核对、仔细检查。长此以往,就会“习惯成自然,功到自然成”。

第三,考试要有平常心,不能过于功利。考试成功,来自平时的勤奋务实。在平时的学习过程中如果养成了良好的学习习惯,考试时就会形成一种顺其自然的适应能力。把作业视为考试一样严肃,考试时就会像完成作业一样自如。考试时,如果心态好,则会情绪稳定,思维敏捷,答题正确率高;反之,如果考试时不能用平常心对待,就会感到紧张、焦虑,发挥失常。

了解一下吧

道德健康

“道德健康”是以培养道德健康的社会公民为目的,通过运用健康管理的方法,以人文环境的改善为主,校园环境、功能环境的改善相配合，运用知识教学与环境塑造相结合的方式，注重从思想上与行为上培养人高尚的道德修养。

“道”，既是指人在自然界及社会生活中待人处世应当遵循的一定规律、规则、规范等，也是指社会政治生活和做人的最高准则。“德”是指个人的品德和思想情操。可以说，道德是人类所应当遵守的所有自然、社会、家庭、人生的规律的统称。违反了这些规律，人们的身心就会受到伤害。

道德健康有三个基本特征：有健康向上的信仰，有高尚的品德与情操，有完美的人格。

心理成长名言

- 行动是知识最适切的果实。 ——傅勒
- 耳闻之不如目见之，目见之不如足践之。 ——刘向

3 书中自有黄金屋?

心灵故事

最近，一个真实的事件充斥着网络，吸引着人们的眼球。

几年前，某知名重点中学在高考中“再创辉煌”，标志之一便是有一个学生考上了清华大学。

其实，明眼人都知道，这辉煌的背后有着残酷的生源大战——几乎所有“名校”的高升学率背后都必然有着“高度密集”甚至“高度垄断”的优秀生源。

这所名校也不例外。当初高中招生时，学校便通过种种手段“重金收购”中考尖子生，承诺“如果报考我们学校，高中阶段的所有费用全免，还给生活补贴”等等。

三年后，学校精心选拔的“好苗”果然结出了“硕果”。期盼好久的奇迹，“重金收购”来的他，最终让学校如愿了。学校也兑现了当初的承诺，慷慨地给了这个考上清华大学的学生七万元的奖励。校长无比骄傲，于是便通过媒体大肆宣扬“素质教育结出了累累硕果”，导演了一幕热闹的喜剧。

这个喜剧，不久就变成了悲剧。学校满心欢喜地请班主任邀请那位考上清华大学的“优生”回母校给学弟学妹们讲讲励志故事，谁知那位“优生”不假思索地问道：“给多少钱？”

班主任惊得大跌眼镜，校长则气得火冒三丈。

心理分析

这个案例中，学校和学生追求的不是为国为民的崇高理想，而是人人拥有“黄金屋”——体现在学校层面，是教育目的偏离了正常轨道；体现在学生身上，则是价值观偏离正道。

首先，缺乏正确的成才观。学校教育的目标是培养德、智、体等全面发展的人才，而不是“唯分数论”。一些学校却在实施着实用主义、功利主义和虚无主义的教育，正在培养一批“绝对的、精致的利己主义者”。

其次，缺乏感恩之心。功利心驱使下的教育只强调竞争，强调学生考试能力的培养，只注重成绩，其他都是次要的。对于学生的教育与激励更多地停留在物质层面，很少涉及精神领域，尤其是缺少对学生感恩意识的培养和教育，这使得学生在成长过程中养成了只知索取、不知回报的习惯。

再次，缺乏正确的人生观。人生观，是人们对人生问题的根本看法，具体包括公私观、义利观、苦乐观、荣辱观、幸福观和生死观等。高中阶段正是学生人生观形成的关键时期，正确的人生观指引他们走人生的正道，而扭曲的人生观，不仅影响他们的健康成长，还会给社会带来不利的影响。

辅导建议

高中生如何才能树立正确的价值观呢?

第一,树立高远理想,端正学习态度。学贵有德。青年学子要好好学习周恩来“为中华之崛起而读书”的崇高理想,志存高远,立志报国;要用自己的实际行动成就一个令人骄傲的“大我”。万万不可死读书、读死书,只去追求“黄金屋”和“颜如玉”。到头来,只会越走越难,直至走进死胡同。

第二,加强道德修养,培养感恩意识。要开展多种形式的活动,对同学们进行感恩教育,让他们学会知恩、感恩,知晓父母的养育之恩,感谢师长的教诲之恩,回报同学的友爱之恩。懂得感恩的人,难时有人帮,越走路越宽。

第三,坚持品德为先,树立正确的人生价值观。高中生要彻底摒弃拜金主义、享乐主义、利己主义、实用主义和极端个人主义等错误观念,树立起报效祖国、造福人类的崇高理想。在人生的路上,不能以金钱和地位作为衡量标准,要时刻想着自己能为社会、为人民做些什么。

无数的事实证明,崇高成就伟大,庸俗造就可悲。

心理世界探秘

性格决定命运

性格是表现在人对现实的态度和相应的行为方式中的比较稳定的、具有核心意义的个性心理特征。它是一种与社会关系最密切的人格特征。性格包含许多社会道德含义。性格是在成年以前形成的，它好比电脑中的系统软件，一经触发便自动地运转。性格可以分解为四个组成部分：性格的态度特征、性格的意志特征、性格的情绪特征、性格的理智特征。

由于性格对人的终身发展具有模式化的重要影响，所以就有了“性格决定命运”的说法。

美国人本主义心理学家马斯洛研究了49位著名历史人物，发现这些成功人士身上普遍具有如下优秀品质：良好的现实知觉，接纳现实与自己，自发、坦率、真实，以问题为中心，有独处和自立需要，功能发挥自主，常新的愉快体验，拥有高峰体验，有社会兴趣，人际关系深刻，有民主的性格，拥有创造性，抗拒遵从。

马斯洛认为正是这些近乎完美的人格特质，铸就了那些成功人士超乎寻常的人生。

心理成长名言

♥ 在一个崇高的目标支持下，不停地工作，即使慢，也一定会获得成功。

——爱因斯坦

♥ 崇高的目标造就崇高的品格，伟大的志向造就伟大的心灵。

——泰龙·爱德华兹

成长课堂

1. 谈谈你对道德健康的认识。

2. 从人生价值观的角度，分析一下汪精卫的命运。

第八章
兴趣健康

1 小强的最爱是武侠

心灵故事

小强近来非常痴迷武侠小说，甚至废寝忘食。他总是提醒自己要珍惜时间，却常常把宝贵的学习时间浪费在看武侠小说上。

最近一段时间，班主任李老师发觉小强整天恍恍惚惚，学习也打不起精神，上课总是心不在焉。好几位任课老师也都反映有这种情况。李老师找小强谈心，他总是支支吾吾，半天也问不出一句话来。李老师明显觉得，小强心里有什么事情，但他自己总是选择逃避。于是，李老师开始悄悄地观察他。李老师原本以为他可能是染上网瘾了，但据观察和向同学们打听，并没有发现小强有上网的迹象。

又过了一段时间，这种情况愈演愈烈，上课时小强更加心不在焉，甚至有一次在上课时睡大觉，虽然认错态度良好，但此后依旧不在状态。

李老师感觉事态变得严重，因为小强平时成绩不错，在班级属于前列，这样的情况不应该出现在他的身上，便把小强叫到办公室询问原因。结果还是和之前一样，问不出什么，而且小强情绪还很激动。

李老师百思不得其解。会不会是小强的心理出现了一些问题但又难于启齿？于是，李老师带着小强去学校心理咨询室，求助心理咨询室的王老师。

心理分析

通过交流得知，小强的问题在于他过度痴迷武侠小说。让我们来分析一下。

首先，在兴趣选择上不恰当。武侠小说是通俗小说的一种，情节生动离奇，人物形象鲜明。但由于武侠小说存在着突出的浪漫色彩和超现实性，对于人生价值观尚未成熟的高中生来说，沉浸其中不能自拔会使当事人混淆现实生活与武侠情境。教育专家认为，未成年人还是应该以阅读经典为好。

其次，时间安排上有问题。高中生的阅读时间应该合理安排。有经验的老师都会指导学生将长时大量的阅读安排在假期，短时小量的阅读安排在平时。小强同学把大量的阅读安排在上学时段，出现问题是必然。

再次，节奏把控上有问题。高中生学业负担重，学习节奏快，保证睡眠是非常重要的。在紧张的学习生活中，小强同学打破生物钟，长期透支健康看武侠小说，节奏把控上显然是不合理的。

辅导建议

年轻人思想活跃，容易陷入幻想。但快意恩仇的武侠小说并不能解决竞争激烈的高考问题。王老师给小强同学提出了三点建议。

首先，要注意课外阅读内容的合理性。谈兴趣，古人有“八雅”之说，即琴、棋、书、画、诗、酒、花、茶。谈读书，古人又有“择善书而读”之说，即建议人们要多读主流的圣贤书。这两者都告诉同学们，在人生观、价值观形成的关键时期，多多阅读经典是更有益处的。

其次，要合理安排课外阅读时间。作为高中生，小强同学应该把自己的课外阅读时间调配好。上学期间，可以阅读一些短小精练的文章；放假期间，可以阅读一些较长篇幅的作品。阅读是学习的一种延续和补充，但不能牺牲睡眠而影响大局。

再次，要把控好生活的节奏。高中生的生活应该是紧张而有序的，节奏乱了，身心健康和学习效率都会受到相应的影响。小强同学有必要认真思考，分清自己学习生活中的轻重缓急，应该突出重点（学业），保证有序（保证睡眠），把控好当前的生活节奏，为自己的人生发展打好基础。

测一测吧

对武侠小说的态度调查

1. 你的性别？

2. 你现在上几年级？

3. 你读过武侠小说吗？

4. 你一般如何安排读武侠小说的时间？

5. 你为什么喜欢武侠小说？

6. 你认为读武侠小说带来的好处有哪些?

7. 阅读武侠小说给你带来了哪些负面影响?

8. 你认为武侠小说对你生活的影响更倾向于哪些方面?

9. 你认为现在武侠小说的质量如何?

心理世界探秘

禁果效应

在古希腊神话故事中,有位叫潘多拉的姑娘从万神之神宙斯那里得到一个神秘的小盒子。宙斯严令禁止她打开,这更加激发了潘多拉的猎奇和冒险心理——一种急欲探求盒子秘密的心理。她终于将盒子打开了,可是灾祸也由此飞出,充满人间。潘多拉的心理正应了一句俄罗斯谚语“禁果格外甜”,也就是所谓“禁果效应”。

禁果效应也叫作“罗密欧与朱丽叶效应”,即越是禁止的东西,人们越要得到手,是一种由于单方面的禁止和掩饰而造成的逆反现象。

心理成长名言

♥ 择善人而交，择善书而读，择善言而听，择善行而从。

♥ 最重要的事情先做，别无其他选择不要先做那些次要的事情。如果不做这样的选择，那将一事无成。 ——德鲁克

2 网游的世界“任意行”

心灵故事

小丁某天晚上八点半放学后，并没有按时回家。父母等到晚上十一点，才等到他回来。小丁说晚归的原因是学校考试了，考完后他又被老师留下补课，还说要交 100 元辅导费等。父母询问了别的同学，才知道小丁撒谎，其实他又去网吧上网了。由于小丁多次进入网吧玩游戏，还有撒谎行为，父母非常生气，打了小丁。痛打孩子以后，夫妻俩又觉得束手无策，就来找王老师求教。

第二天，王老师进行了深入的调查。原来，小丁贪玩网络游戏已经不是什么秘密了，他每晚放学后都会偷玩 3 个小时，周末会玩通宵。小丁课间和同学讨论网络游戏时，常常眉飞色舞，神采飞扬。如果不玩网络游戏，他说自己会焦虑、心慌、坐立不安。小丁自认为是游戏天才，想做专业电竞选手。他还说学习太没意思，如果父母再打自己，他就直接还手，然后再离家出走。

面对这种情况，王老师认为小丁可能网游成瘾了，于是便和小丁的家长一起“押”着小丁来到了学校心理咨询室。

心理分析

经过测评，心理咨询室的李老师认为小丁同学符合网游成瘾的基本特征。

第一，认知方面出现了障碍。小丁同学学习成绩落后，逃避现实，用虚幻的网络来缓解自己的痛苦。他错误地认为自己是游戏天才，甚至认为可以通过网络游戏来实现自己的人生价值。在常人看来，小丁已经完全模糊了网络与现实的界限，误把虚幻当成了现实。他对父母管教的反抗、对待学习的态度等，都让人觉得很不正常。

第二，行为方面出现了障碍。正常的人，总体上都能够把握好自己的行为，知是非好歹，懂轻重缓急。作为高中生，小丁同学的行为显然偏离了正常轨道。他变得一意孤行，完全不把学习当回事，爱网络游戏爱得痴迷，以致出现撒谎等行为，这是不务正业，是很不正常的。

第三，情绪、情感出现了障碍。从小丁同学一系列的言行来看，他的情绪、情感也出现了障碍。比如，他不玩网络游戏就焦虑、烦躁，一玩网络游戏就兴奋不已。再比如，他的心肠变硬了，对父母等关心他的人不在意，甚至还扬言要还击父母、离家出走等。

辅导建议

由于各种原因，青少年对网络游戏很容易上瘾。预防和矫正青少年的网游成瘾问题，十分必要。李老师给小丁提出了几点建议，希望能够帮助他树立正确的游戏观。

首先，充分认识到网游成瘾的危害性。网络游戏成瘾是指对网络游戏产生依赖的现象，一般是指不可抑制地、反复而长时间地玩网络游戏，并且沉迷其中难以自拔，可能造成个体明显的身体、心理、社会功能受损的一种上网行为。世界卫生组织（WHO）已于2018年6月19日正式把游戏成瘾列为精神疾病。

其次，要主动取得广泛的社会支持。家庭成员、朋友、邻居及同学、老师等要为网络游戏成瘾者提供广泛而多样的社会支持。父母要有耐心，搞好亲子关系，避免简单粗暴的教育方式。老师要有爱心，搞好师生关系，多给依赖网络游戏的学生表现自我的机会。同学们要有集体责任感，主动搞好同学关系，多引导贪玩网络游戏的同学参加丰富多彩的文体活动。

再次，要积极进行专业的心理治疗。网络依赖严重者，还可以求助心理医生进行专业的矫正治疗。由于网游成瘾是一种新型的精神疾病，目前还没有非常有效的矫治方法。心理专家大多采用的是医学—社会学统合模式，也就是用医学手段、行为治疗和心理辅导相结合的方法对网游成瘾者进行矫治。

测一测吧

对网络游戏的态度调查

1. 你喜欢网络游戏的程度如何？

2. 是什么原因让你玩网络游戏？

3. 你每周花多少时间玩网络游戏?

4. 对防止沉迷网络游戏,你认为应该如何做?

5. 对于网络游戏,你的看法是什么?

6. 你在玩网络游戏时对于输赢看得重吗?

7. 网络游戏影响你的生活学习吗?

8. 你觉得网络游戏给你带来了什么?

9. 你是否经常浏览与网络游戏相关的网站?

心理世界探秘

暗示效应

赵本山、范伟等表演的小品《卖拐》是暗示效应的幽默体现。买者说,自己虽然"脸有点儿大",但腿没问题。卖者则说,"脸大,那是腿部末梢神经坏死,把脸憋大了"。买者说,"自己的左腿没毛病,只是小时候右腿摔过”。卖者说，“那是转移了，你把左腿跺麻后走一圈儿，肯定会有不适应感”。“末梢神经坏死”“转移”等都是医学常用语，有极强的暗示效应。结果，买者对自己“左腿有病”深信不疑，于是，一场骗局便大功告成。《卖拐》也成了小品的经典之作。

心理成长名言

♥ 只有小人才对小事有兴趣。——迪斯累利

♥ 不能制约自己的人，不能称之为自由的人。——毕达哥拉斯

3 异样的玄幻世界

心灵故事

小明这一段时间对玄幻小说非常着迷，上课在想，写作业在想，甚至睡觉做梦都在想。

开学一个月了，班主任王老师发现小明做什么事都打不起精神，整天恍恍惚惚，不在状态。有同学说他脑子坏了，常常说一些古怪离奇的话。王老师想，小明是不是生病了？抱着这样的疑问，王老师找小明来谈话。可是，小明面对王老师的询问支支吾吾，欲言又止，最后不得不承认自己最近迷上了玄幻小说，并且保证以后不再看了。

这次谈话后，小明的情况不但没有改善，反而越来越严重，一有时间他就偷偷地看玄幻小说，上课时也在心里不停地演绎着书中的情节。不分白天黑夜地长时间阅读玄幻小说，不但造成了小明视力下降、肩酸腰痛、头痛和食欲不振等不良症状，还让小明沉浸在异样的世界中不能自拔，他常常为现实中的一点小事情绪失控，甚至还会做出让人诧异的行为。不少同学反映，小明还常常幻想着到另一个世界去享受极乐生活，说“那里的人不用早起，没有作业，想玩游戏就玩游戏”等。

小明自己也觉得这样下去不行，曾几次徘徊在心理咨询室的门口。最终，他鼓足勇气走进了心理咨询室，见到了知心姐姐李老师。

心理分析

通过交流，李老师发现小明的问题是看玄幻小说成瘾所致。

第一，认识出现偏差。小明常常幻想着到另一个世界去过极乐生活，说明他已经模糊了现实与玄幻的界限，认识上出现了偏差。人可以有幻想，但一定要立足现实去生活和发展，不能让现实中的自己生活在幻想的世界里。

第二，行为已不能自控。作为一名高中生，小明的行为已不能自控。他无节制地阅读玄幻小说，大量地牺牲睡眠时间，上课时任意神游，已经分不清是非好歹和轻重缓急，完全不把自己的责任和义务放在心上。

第三，身心出现了障碍。在玄幻的世界里任意神游的小明，不知不觉中出现了严重的身心障碍。身体上，视力下降、肩酸腰痛、头痛和食欲不振等；心理上，焦虑不安，反应迟钝，情绪化严重等。

玄幻小说属于非主流文化的一种，因其离奇的情节受到不少青少年的追捧，也因为存在着不小的负面影响而饱受诟病。

辅导建议

高中生在兴趣爱好的选择上，一定要注意健康向上。李老师给小明提出了如下几点建议。

首先，启动强化干预。强化是使有机体增强某种反应重复可能性的力量，它可以分为奖励与惩罚两种。在实际操作中，可以请家长或老师、同学对小明进行强化干预，这种干预方法使用最为普遍，效果也最好：如果小明一天没有看玄幻小说，就奖励他想要的一些东西；如果看了，那么扣除他喜欢的东西。时刻有人在小明身边提醒、鞭策他，这样他就会逐渐改善看玄幻小说成瘾的问题了。

其次，转移注意力法。可以用自己喜欢做的事情吸引自己，如果喜欢摄影，那就参加摄影活动，喜欢运动，就参加体育运动。在健康有益的兴趣爱好中逐渐改善看玄幻小说成瘾问题，培养良好的兴趣，在比较中就会慢慢发现看玄幻小说成瘾给自己带来的极大坏处，最终消除看玄幻小说成瘾的问题。

再次，团体互助法。将看玄幻小说成瘾的学生组合成一个团体，由富有经验的老师做指导者，以团体动力理论作为理论基础，综合运用团体咨询的各种方法，在互相激励鞭策中使每位成员都增强信心，做出榜样示范，达到使参加团队的成员整体戒除看玄幻小说成瘾的目标。

测一测吧

对玄幻小说的态度调查

1. 你在上网时通常会做些什么?

2. 你对玄幻小说的理解是什么?

3. 你身边喜欢玄幻小说的同学多吗?

4. 你通常在什么时间看玄幻小说?

5. 你对看玄幻小说的态度及看法是什么?

6. 你看玄幻小说的目的是什么?

7. 有人支持你多看玄幻小说吗?

8. 你看玄幻小说会影响学习吗?

9. 看玄幻小说对你的学习有哪些影响?

10. 你支持多看玄幻小说吗?

心理世界探秘

共生效应

自然界有这样一种现象:当一株植物单独生长时,显得矮小、单调,而其与众多同类植物一起生长时,则根深叶茂,生机盎然。人们把自然界中这种相互影响、相互促进的现象称为“共生效应”。事实上,我们人类群体中也存在“共生效应”。英国“卡迪文实验室”从1901年至1982年先后出现了25位诺贝尔奖获得者,便是“共生效应”一个典型事例。

心理成长名言

♥ **人生的价值以及他的快乐,都在于他有能力看重自己的生存。**

——歌德

♥ **我爱那些使自己的德行成为自己的目标或命定的人。 ——尼采**

成长课堂

1. 你对玄幻小说、武侠小说等有过痴迷的经历吗?有的话,请写下来;如果没有,请写下你曾痴迷过的兴趣爱好。

2. 为了逐步改善自己在某一方面的不良状况，请制订一个计划并写下来，一定要坚持到底！

第九章
恋爱与性

1 戒不掉的坏习惯

心灵故事

小杨同学近来非常苦恼，因为他有一个戒不掉的坏习惯——自慰。

小杨同学以前是一个非常阳光、开朗、自信的人，在班里一直很受同学们的欢迎。中考结束后的暑假里，一本路边书摊上买来的书，使他第一次体验到了触电的感觉。不知不觉中，小杨染上了自慰的“恶习”。有时每天一次，有时一天三次。小杨自己知道这样做是不好的，但他抵挡不了神秘感觉的诱惑。为此，小杨常常感到羞愧，但又屡屡失控。他觉得自己灵魂龌龊，意志薄弱。渐渐地，小杨觉得自己愈发颓废：智力下降了，作业常常出错；体力越来越差，常常胸闷气短，力不从心；心理压抑，性情焦躁，做事冲动，与周围同学的关系也变得比较紧张。小杨觉得，这一切都是自慰惹的祸。

马上就要高三了，小杨感觉越来越难受。他一个人趴在桌子上没边际地瞎想,他担心身体,害怕高考,内心愧疚,矛盾纠结。小杨很怕自己一辈子都这样,但又控制不住,感觉自己现在越来越自闭,难受的时候甚至想过自杀,可是每次想到父母就又放弃了。

经过一星期的自我斗争,小杨勇敢地迈进了学校心理咨询室,向知心姐姐李老师求助来了。

心理分析

案例中的小杨因为自慰过度产生了很强的自责自贱的心理。知心姐姐李老师认为有以下几个方面的原因。

第一,认知观念有谬误。我国传统的性文化中传达着“手淫有害”的观念,而且认为这是一种堕落的、不道德的甚至是犯罪的行为,从而容易让人产生严重的自责和惶恐心理。其实,自慰并不涉及道德问题,如果不过度,也不会影响健康。青少年自慰问题,更多的是给当事人带来心理上的消极影响。

第二,支持系统不健全。一个人生活在世界上,应该建立一个社会支持系统,健全的亲友团有助于个体获得情感和关系支持。小杨同学由于种种原因,逐渐疏远了与伙伴们的交往,缺少归属感,心中的烦恼又无处倾诉。久而久之,自然会压抑纠结。

第三,调整压力缺方法。高中生常常感受到压力的存在,这是常态。有压力是正常的,如果学会调适压力,就会在压力中成长。反之,如果不会调适压力,就会像小杨同学那样产生身心障碍,头昏脑涨,学习无力,矛盾纠结,痛苦压抑。

自慰是缓解性冲动的方式之一,但不是唯一。小杨同学的问题,就是把自慰变成了排解压力、缓解焦虑的唯一方式，成癖上瘾，最终造成了严重的心理负担。

辅导建议

针对小杨同学的问题，李老师进行了三个方面的指导。

第一，认知指导：树立科学的性观念，消除心理障碍。要掌握科学的性健康知识，消除传统观念影响下性健康教育的神秘色彩，让青春期的同学们通过正向的渠道获得与自己成长相关的科学知识，从而帮助他们解开成长中的疑惑。比如，自慰作为青春期青少年释放性冲动的一种方式，并不涉及道德问题，偶尔为之也不会对身体健康造成危害。但要注意两个问题。一是度的问题。如果偶尔在性冲动时难以自控而手淫，不足顾虑。但如果形成习惯，致使身体疲惫，那就是有害的。二是对自慰的态度。如果难以摆脱自慰后的负罪感和自卑感，就说明自慰行为的确能造成心理负担。

第二，意志强化：找寻解决问题的关键着手处。小杨的心理困扰，一方面是认识上存在误区，另一方面是过度自慰造成的身体乏力。其中，前者是小杨形成心理障碍的最大因素。找到了问题的关键，李老师从两个方面对小杨进行了意志强化：一是强化适度自慰无害的科学观念，当困扰出现时，立即启动这个观念，告诫自己不必庸人自扰；二是强化投身集体活动的习惯，尽可能让自己减少独处时间，如果出现了过度自慰，则可以进行适当的自我批评或自我惩戒。

第三，行为训练：指导小杨找到走出现状的基本方法。作为高中生，小杨同学正处于快速成长时期，纠正错误，走出现状是不难的。首先应该确立远大的理想，把旺盛的精力投入追求理想的过程中。其次应该掌握一些宣泄自我的方法，比如，可以用体育锻炼来释放旺盛的精力。再次可以采用合理的方式进行自我调控：一是接受适度自慰，逐步减少次数；二是融进集体，避免独处；三是讲究卫生，远离刺激。

我国著名的性学家吴阶平教授对自慰行为曾有十分科学的见解，他说："不以好奇去开始，不以发生而烦恼，已成为习惯要有克服的决心，克服之后就不再担心。"

心理世界探秘

性与性冲动

性是与生俱来的，人生来具有性潜能，能够繁衍后代。长期以来，性被笼罩着某种耻辱的阴影，藏在阴暗处不敢示人。许多人常常谈性色变，用道德绑架这个人类的本能。

从科学意义上说，"性"的含义很丰满，它与人的健康、精神息息相关，既包含性别、性欲、性器官的活动，又涉及男女各自的性思维、性体验、对性知识的学习及习得的观念、性价值观、性的伦理道德取向等。

性冲动即是性的欲念导致的一系列生理变化，就是在性心理支配之下的一种性本能释放或显现。这是一种正常的生理现象，并不涉及道德问题。

心理成长名言

- 不要用珍宝装饰自己，而要用健康武装身体。
- 治病先治神，药疗先疗心，生理卫生强身，心理卫生强心。

2 偷偷爱上邻桌花

心灵故事

晓文同学最近有了一件心事,他偷偷喜欢上了邻桌的一位漂亮女生:鸭蛋脸,柳叶眉,大眼睛,小嘴巴,笑起来像一朵花。

读高一时,晓文就和这位女生特别地谈得来,每当这位女生有烦恼时,她就会说给晓文听,时间久了,晓文不知不觉地喜欢上了她。那种感觉,特别新奇。在晓文的眼里,这位女生就是无与伦比的白雪公主。于是,晓文开始特别地在意这位女生对他的态度:如果她今天没有理他,他就会一整天惴惴不安,上课、写作业都会走神,如果她今天给了晓文一个微笑,那么晓文就会觉得自己飘飘然,成了全天下最幸福的人。于是,晓文开始用送书、送零食等方法来讨好这位女生,并多次阻止她与其他男生的交往,干涉她的自由。晓文越是如此在意这位女生,却越是觉得两人的关系变得不自在了。慢慢地,晓文发觉这位女生开始刻意地躲避自己,对自己变得有些冷淡,而和其他男生有说有笑。晓文心里憋得慌,就鼓足勇气过去责问她,结果和她吵了一架。事后，晓文心里很后悔，想向女孩道歉。晓文觉得两人之间的关系已经有了裂痕，而且再也无法挽回从前的友谊了。

近一个月来，晓文痛苦难耐。他吃不香，睡不着，而且已经无法静下心来学习了。思考再三，他决定去学校心理咨询室求助，希望知心姐姐李老师能帮助他。

心理分析

晓文同学暗暗恋上邻桌的女生，这并不能算是什么不好的问题。可问题是，他的一些非理性行为造成了尴尬，破坏了友谊。

首先，青春萌动很正常。高中生已经接近青年期，随着性生理的成熟、性意识的萌动，异性同学之间的交往已经不同于以往那样两小无猜，其中常常会伴随着喜欢、暗恋、单恋、早恋，也会有矛盾、冲突和失恋……萌动的青春暗藏着异样的感受，这是高中生成长过程中的必然。青春萌动的晓文同学，面对着花一般的邻桌女生产生了异样的情愫，也属正常，这是年轻人社会化的一个必然过程。喜欢和被喜欢，接受和拒绝，幸福和痛苦，是这个阶段的青少年常常出现的心理体验。

其次，界限模糊是问题。作为青春萌动的男生与女生，他们之间既可能产生友情，也可能产生爱情。友情是基础，爱情是升华。有时，这两种感情的界限也不是那么清晰。一旦误把友情当爱情，友谊的小船很可能立马就翻。晓文同学就是没能很好地分清楚界限，一厢情愿地过度付出自己的感情，使自己心理失衡，做事莽撞，进而陷入痛苦和被动之中。

再次，如何表达有讲究。无论是在爱情还是友情的情感关系中，尊重与界限都是必不可少的。人人都有爱的自由，也都有选择爱的权利。其实，晓文同学完全可以通过委婉的方式来试探一下同桌女生的态度，给自己留有余地，好让自己做好两手准备，不至于措手不及。当然，最好的方式是应该专心学业，提升自己，为友谊加码，给爱情“保温”。等将来各个方面的时机成熟了，一切都会水到渠成的。

辅导建议

知心姐姐李老师对晓文同学进行了辅导，并提出了三点建议。

第一，走出片面，学会辩证地看问题。任何事情的发生都不是孤立的，睿智成熟的人一般都会客观辩证地看待问题，而不是片面偏激地下结论。晓文同学的情感挫折固然存在着伤感、痛苦和烦扰等消极因素，但晓文也可以从另一个方面告诫自己，在把握感情、表达感情和承受挫折等方面应该尽快成长。

第二，勇于超越，学会果断地走出来。有些事情，你越关注它，越会觉得它充满你的整个世界且挥之不去。“视网膜效应”告诉我们，你在乎什么，就容易出现什么。晓文同学与其沉浸在痛苦之中不能自拔，倒不如勇敢超越，果断地从情感泥淖中走出来。怎么才能走出来呢？比如，强迫自己转移关注点，找些其他的事情充实自己，让自己忙碌些，无暇胡思乱想等。

第三，放眼未来，一心一意地投入学业。高中生眼前最重要的事情就是发展学业，这是追求甜蜜爱情和幸福人生的重要基础。只有专心致志，勤奋务实，才能心想事成。学业好了，魅力大了，将来的感情生活也会相得益彰，顺风顺水。反之，如果三心二意，本末倒置，那么挫折、失败和痛苦也就会如影随形，挥之不去。

知心姐姐李老师建议晓文同学整理一下自己的心绪，为了理想去务实地奋斗。晓文会意地点了点头，开心地笑了。

心理世界探秘

暗恋与早恋

暗恋指对另一个人心存爱意或好感，但由于种种原因，这种爱意没法宣之于口。暗恋的一方因无法表白苦苦执着，被暗恋的一方却置身事外一无所知。

早恋指的是青少年过早地建立了恋爱关系，一般指未进入大学阶段的青少年之间发生的爱情。在校的中小学生早恋的情况也比较多。到了青春期的孩子，其体内性激素决定了他们拥有不同的性别磁场，女孩是阴极，男孩是阳极，自然会发生阴阳互吸的"磁场反应"。磁场中的性素、情愫给孩子们带来特殊的滋养，使少男少女在一起的游乐活动更富有情趣。这个阶段也被称为"第二断乳期"，是指性心理的断乳，它会影响青春期孩子们今后与同辈异性之间的交往，甚至形成择偶偏向，所以又被称为"早练"。

心理成长名言

♥ 爱就是充实了的生命，正如盛满了酒的酒杯。——泰戈尔

♥ 学会用理解的、欣赏的眼光去看对方，而不是以自以为是的关心去管对方。

3 失恋原来不可怕

心灵故事

小云是一名高二女孩。她高高的个子，修长的身材，扎着马尾辫，有着一张清秀的面孔。这样的女生，自然会有不少的追求者。悄悄地，小云接受了一名高三男生的表白。

上个月，小云突然遭遇了失恋。曾经热烈如火、温情似水的男友猛然间像变了一个人似的，他用不容商量的口气绝情地告诉小云，他要全力拼搏高考，爱情至此结束。小云突然觉得自己的天塌下来了，周围的一切都变得十分暗淡。于是，她闭锁了自己，悄悄流泪，暗自神伤，在心灵的天空上天天描画着乌云。

有几回，小云强迫自己要忘掉他。可是，思念之情才下眉头，却上心头。越是想忘掉，越是忘不掉。还有几回，小云要求自己振作精神，好好学习。可是，她总是上课走神，无心课业，越是想学习，越是学不进去。

分手后的这一个多月来，小云不知道自己是如何度过的。她对什么都没有兴趣，吃不好，睡不好，成绩也一直下降，整天没精打采的，晚上还经常做噩梦。可怕的是，有几次她甚至觉得生活没意思，倒不如……这种状态，让小云觉得既忧又怕，几次上网查对，小云觉得自己可能患上了抑郁症，好多指标都很吻合。

王老师耐心地倾听着小云的诉说，慢慢地，她清楚了小云的现状：虽然和恋人明确了分手，可是对心中的那个他就是忘不了。分手后的小云陷入了无尽的痛苦，精神萎靡……

爱情没了，前途也没了，小云近乎绝望了……

心理分析

小云遇到的心理困惑是高中生因“失恋”而带来的应激性情感障碍。这种问题，在心理并不成熟的青年学生中经常出现。初遇爱情，甜蜜伴随着矛盾。一者，很享受这份幸福的甜蜜；二者，又很担心学业受到影响。鱼和熊掌难以兼得时，痛苦就随之而来了。

首先，生理发育接近成熟，渴望爱情也正常。高中阶段的青少年，由于生理快速成熟，情感发展随之发生变化：丰富而强烈，容易动感情，尤其是对异性同学非常敏感，相当在意，很容易来电，而且对感情看得极重。不少高中生在感情上一经“触电”，便会过度投入，执着于浪漫。

其次，心理发展稍显滞后，遭遇失恋也正常。与生理发展的快速成熟相对应的是，高中生的心理发展却稍显滞后。他们对感情的把握往往是冲动而缺乏理性的，对问题的看法常常是片面而有失辩证的。由于心智还未成熟以及学业负担的压力，高中生遭遇失恋也不意外。

再次，压力之下体验深刻，放大痛苦也正常。高中阶段的学习压力非常之大，常使同学们处于紧张焦虑的状态。于是，同学们情绪起伏变大，情感体验加深，整个人都变得敏感而脆弱。此时的高中生，如果遭遇失恋，便会不自觉地放大痛苦感受，下意识地反应激烈。假如没有可以宣泄的通道，便会窝在心里痛苦纠结，轻则影响日常的生活和学习，重则还可能会抑郁成疾。

辅导建议

小云同学可以试着从以下几个方面来调整自己。

第一，接纳感情发生的现实。小云因谈恋爱影响到自己的学习，为自己未来的发展感到焦虑，同时又采取逃避和压制的办法去处理感情，结果这些方法无法让她从感情的困扰中解脱出来。中学生正处于青春期，产生这样的感情以及出现痛苦的结果都是很正常的，因此也没有必要压抑自己，完全可以通过转移注意力或适当宣泄来调整自己。

第二，储备爱的能力。到了高中，不少同学已经参加过成人礼宣誓仪式，这代表着我们的同学应该学习像成年人一样担负起相应的责任。男友在备战高考前选择与小云分手，应该说这是一种理智的决定。小云同学应该分清轻重缓急，努力从痛苦中走出来，搞好当前学业，提升自身素质，将来在合适的时候与一个合适的人好好地谈一场真正的恋爱。

第三，把握自己的感情。“爱”来的时候，有甜言蜜语，有鲜花礼物，有被人捧着呵护的幸福感等。人是感情动物，非常容易动情。动情是本能，而合理地把握自己的感情则是人的素养和智慧。不随便动情，不随意绝情，就不会让自己在猛然间陷入无尽的痛苦中了。

丰子恺先生有言：不乱于心，不困于情。不畏将来，不念过往。如此，安好。

测一测吧

是爱吗，还是别的什么？下表中，你认为是爱的行为的请打"√"，不是爱的行为的请打"×"。

（ ） 尊重别人，尊重自己	（ ） 嘲笑别人的不同之处
（ ） 两人的关系成为累赘	（ ） 享受两个人的关系
（ ） 乐趣、对生活的幽默感	（ ） 很难维持乐趣和幽默感
（ ） 表现出关爱	（ ） 索取而不是付出
（ ） 强烈的忌妒	（ ） 接受伴侣有自己的朋友和兴趣
（ ） 强迫关系按自己的时间计划发展	（ ） 耐心等待关系随时间发展
（ ） 保护对方	（ ） 将对方置于风险之中
（ ） 强迫伴侣满足自己的性需要	（ ） 有责任地控制自己身体的性需要
（ ） 在伴侣的爱中有安全感	（ ） 违背诺言，缺乏信任
（ ） 以性为基础	（ ） 以友情为基础
（ ） 诚实而敞开地交流	（ ） 有防备地沟通
（ ） 关注伴侣的需要	（ ） 只关心自己的需要

正确的恋爱观

恋爱观是人们对于恋爱问题的根本看法和态度。

恋爱,是男女之间发生、发展的一种相互吸引的高级情感。恋爱,常常伴随着深深的吸引和强烈的思念。恋爱的过程既有无比的甜蜜和超凡的幸福,也会有深深的烦恼和刻骨的痛苦。恋爱,有顺利的,也有曲折的;有成功的,也有失败的。

拥有正确的恋爱观,对于青少年学生来讲是十分必要的。

一段感情的成功与否,不是看是否还牵手,而是看感情品质如何,很多时候牵手不代表成功,分手不代表失败,关键是看在这段感情中你是否完成了两件重要的恋爱心理任务。一是要更了解自己。除自我认知概念外,让两性恋爱中的自己更完整清晰地呈现出来。二是培养我们爱人的能力。从自小习惯被爱开始学会爱人,比如理解伴侣的能力、表达爱的能力、接受爱的能力、拒绝爱的能力、鉴别爱的能力、解决爱的冲突的能力和保持爱情长久的能力。恋爱经历或经验并不能衡量一个人爱的能力高低,事实上,我们需要储备爱的能力,并愿意不断提升自身爱的能力,才会收获美好的爱情。

心理成长名言

♥ 很想哭却选择了笑，我为自己而骄傲。

♥ 爱是理解的别名。 ——泰戈尔

成长课堂

1. 你怎样看待中学生早恋？

____

____

____

____

____

____

2. 查阅资料，对自己进行一次性教育。

____

____

____

____

____

____

第十章
情商开发

1 我给自我照镜子

心灵故事

小丽是一名高一女生，整天傻乎乎、乐呵呵的，一副没心没肺、昏头昏脑的样子，最近脾气还特别不好。班主任多次建议她去和知心姐姐李老师聊一聊。终于，在一个明媚的午后，小丽很不情愿地走进了学校的心理咨询室。

李老师的真诚慢慢地打开了小丽的心扉。小丽告诉李老师，自己没招谁也没惹谁，不知为何总有人跟自己过不去。所以，她最近很烦躁，常会发些无名火。

听完了小丽的心事，李老师让她书面完成三个问题：我是谁？我从哪里来？要到哪里去？小丽拿起笔，很快给出了答案：我是小丽，我从自己家里来，我要考上一所好大学。李老师微微地笑了，追问了小丽三个问题：你是一个什么样的人？你来自一个什么样的家庭？你要考一所什么样的好大学？小丽感觉自己一下子懵了，她可从来没有考虑过这些问题呀！

在李老师的启发下，小丽慢慢地进入了深层的心理旅行。她仿佛拿着一面镜子，反反复复地映照自己的灵魂，连最深最深的地方也被翻出来照了个遍。半天时间过去了，小丽在挣扎、纠结和痛苦中写出了答案：我是一个农民的女儿，来自一个农民家庭；父母以务农为生，家庭比较困难；我想考上一所好大学，找到一份好工作，报答父母的养育之恩——可是，我目标模糊，意志不坚定，学习不刻苦，练功不勤奋，成绩在班级已经是倒数了，我拿什么考上好大学呀？

小丽不敢正视李老师的眼睛了，她说李老师把自己给看透了。李老师温和地对她说："小丽，是你自己认识了自己。祝贺你，你有自知之明了！"

心理分析

应该说，此前的小丽还是一个尚未觉醒的"自我"。

首先，没有明确的学习目标。作为高中生，小丽同学没有明确的学习目标。她"整天傻乎乎、乐呵呵的，一副没心没肺、昏头昏脑的样子"，并没有确立一个清晰而又坚定的学习目标，过的是一种随波逐流的生活。最可怕的是，她对此并不清楚。

其次，缺乏坚定的学习意志。缺乏明确的学习目标，就会糊里糊涂地上学，任何勤奋刻苦和积极上进的行为都有可能因为意志动摇而随时中断。"学习不刻苦，练功不勤奋"，致使她的"成绩在班级已经是倒数了"，这说明小丽同学缺乏坚定的学习意志。对这个缺点，她很含糊。

再次，缺乏应有的自知之明。认识自己，了解自己，知道自己有何长处和不足，这就是人们常说的自知之明。小丽对自己很不了解，也害怕了解。

缺乏应有的自知之明，她就更不知道了。缺乏自知之明，就可能脚踩西瓜皮，滑到哪里是哪里。因此，可以说此前的小丽同学是一个还未觉醒的人，她的学习生活自然也不会令人满意。

辅导建议

古希腊太阳神庙的石柱上，至今还刻有苏格拉底的醒世名言："认识你自己！"高中生通过认识自己，就能够拥有自知之明，促进情商提高。

第一，通过朋友认识自己。每个人都会有三五个好友，经常请好朋友说说他们眼中的你，谈谈他们对你的看法，就能够得到一些客观的评价与建议。当然，这需要虚心，也需要思考。否则，可能会陷入争吵或盲从的尴尬境地。

第二，通过师长认识自己。老师和家长，要么具有丰富的阅历，要么拥有专业的知识。通过老师和家长的眼睛来认识自己，无形中会增添许多理性的自我认识。因此，高中生要努力地敞开心扉，用心聆听师长的教诲，让自己在师长的指导下健康成长。

第三，通过反省认识自己。宗圣曾子曰："吾日三省吾身。"经常反省、习惯反省的人，能够保持着常态的清醒和睿智，不糊涂，不盲目，不任性，不冲动。但自我反省却不是一个容易达到的境界，因为"最困难的事情就是认识自己"。高中生如果拥有了反省的能力，那可是具备了一种很了不起的素质。

茫茫人生旅途，每个人都应该点亮一盏心灯，时时叮嘱自己，不糊涂，须清醒。

心理世界探秘

情　商

EQ是Emotional Quotient的英文缩写，意思是情绪智商，简称情商。美国哈佛大学心理系教授丹尼尔·戈尔曼在1995年出版了《情商》一书，把情商这一研究成果介绍给大家。戈尔曼认为，EQ包括抑制冲动、延迟满足的克制力，包含了如何调适自己的情绪，如何设身处地地为别人着想、感受别人的感受的能力，以及如何建立良好的人际关系，培养自动自发的心灵动力……简单说来，EQ是一种为人的涵养，是一种性格的素质。

心理成长名言

♥ 吾日三省吾身。 ——曾子

♥ 反省是一面镜子，它能将我们的错误清清楚楚地照出来，使我们有改正的机会。 ——海涅

2 我的成长我做主

心灵故事

熬过炼狱一般的初三生活，小杨同学如愿考上了现在的四星级高中。暑假里，他尽情地发泄压抑已久的情绪，胡吃海喝，拼命放纵。充斥着两个多月假期的几乎全是睡懒觉和玩游戏，他将学校布置的学习任务全都抛到脑后了。

后来，高一入学后的摸底考试让小杨刻骨铭心，难以忘怀。

开学第一天，学校没打招呼便组织了语文、数学、英语三个学科的摸底考试，内容全是学校布置的预习任务。这一下，小杨可傻了眼，语文的默写只会一题，数学的计算基本不对，英语阅读满眼都是生词……三场考试，小杨如坐针毡，抓耳挠腮，只恨时针转得太慢。

不出所料，小杨考出历史最低的成绩，三科全部不及格，全班倒数第二。

捧着满眼叉叉的试卷，小杨同学陷入了反思：今天的失败是咎由自取。

要不是暑假不加节制地放纵自己，怎么会有今天的耻辱呢？这一切，全是自己造成的。爱耍小聪明，临时抱佛脚，真是不见棺材不落泪。

于是，小杨暗下决心，要痛定思痛，痛改前非。他制订了详细的学习计划，开始了自己的完善之旅。小杨要求自己目标坚定，意志顽强；努力做到一心一意，自觉自律；学习积极主动，勤奋务实；追求持之以恒，问心无愧。

功夫不负有心人。两个月后，小杨用努力换来了实力。期中考试，小杨的成绩在全班排名第五，老师和家长表扬了他。小杨感受到一种发自心灵深处的欣快、满足、超然的快乐体验。虽然取得了小小的成功，但小杨却不敢有丝毫的大意，因为他知道，成功全部来自积极主动的自我努力。

心理分析

小杨同学通过认识自我，完善自我，从而达到了实现自我。

首先，认识自我，这是成长的第一步。摸底考试的惨不忍睹，使小杨同学开始学会了认识自我。他找到了问题的症结所在——“爱耍小聪明，临时抱佛脚”“暑假不加节制地放纵自己”“几乎全是睡懒觉和玩游戏”等。当小杨对自己有了比较清醒的认识时，他便拥有了自知之明。

其次，完善自己，这是成长的第二步。小杨同学通过坚定目标、增强意志、一心一意、自觉自律等一系列举措来逐步完善自我，努力做到积极主动、勤奋务实、持之以恒、问心无愧。主动完善，使小杨同学迈开了自我成长的第二步。

再次，实现自我，使小杨体验到快乐。通过一番艰辛的努力，小杨同学体验到了成长的特别快乐。这种体验在心理学上被称为“高峰体验”。这种愉悦的感受虽然短暂，但却非常深刻，无法用语言形容。体验过“高峰体验”

的人，常常会主动创设情境，自觉满足条件，从而促进自我成长。

小杨同学没考好后并没有沮丧，而是认真分析原因并暗暗努力，这些都是高情商的表现。整个高中阶段的学习期间，保持开朗的心境，学会控制和调节自己的情绪，建立积极、健康的情绪状态，对高中生而言是至关重要的。

辅导建议

很多人都想提高自己的情商，但对如何提高情商却常常感到茫然，即使是认识自我这样一个简单的问题也觉得无从下手。同学们别急，下面提供五种提高情商的方法供大家参考。

第一，比较法。从自己与他人的关系中认识自我。他人是一面反映自我的镜子，是个人获得自我认知的重要来源。与优秀的他人比较，就能够很快地找出差距，比出长短，进而帮你获得自知之明，为日后的自我成长奠定基础。

第二，经验法。从自己与事情的关系中认识自我。反省、内观自己做事情的过程，就能够总结出经验教训，找出自己在认知、情感、意志以及团队合作等方面的问题和不足，使过往的成败得失成为今天自己成长进步的经验和动力。

第三，测量法。通过心理测量软件来认识自我。实践证明，现有的一些心理测量软件已经能够较好地帮助个人来认识自己了。一个人如果静下心来，认认真真地对自己进行一次心理测量，那么自己的特质、智力、情绪情感、人际关系和心理健康水平等各个方面，都会比较全面地展现出来。

第四，咨询法。通过咨询专家或师长来认识自我。向心理专家请教，既可以帮助我们较为深刻地认识自我，又能够得到许多专业而又中肯的发展建议。向师长请教，可以获得很多到位的评价和贴切的建议。向专家和师长咨询，常常能帮助我们快速地认识自己，从而实现跨越式发展。

第五，反省法。从我与自己的关系中认识自我。一是从昨天的我来认识自己，找出自己的特点、长处和不足；二是从现在的我来认识自己，找出今天的自己有了哪些经验和教训；三是用明天的我来规划自己，设计出一个成长和进步的更好的自己。反省法是一项特殊的心理活动，能够使人常省常新。许多成功人士在回忆自己的成长历程时，常常谈及反省法对自己的帮助。

心理世界探秘

高峰体验

美国心理学家马斯洛在调查一批有相当成就的人士时，发现他们常常提到生命中曾有过的一种特殊经历，“感受到一种发自心灵深处的战栗、欣快、满足、超然的情绪体验”，由此获得的人性解放，心灵自由，照亮了他们的一生。马斯洛把这种感受称为高峰体验。

马斯洛认为，处于高峰体验的人具有最高程度的认同，最接近其真正的自我，达到了自己独一无二的人格或特质的顶点，潜能发挥到了最大程度。获得高峰体验的人被认为更具有创造性，更果断，更富有幻想，更加独立，他们更可能去寻找生命的意义。

心理成长名言

- 烦恼与欢喜,成功和失败,仅系于一念之间。 ——大仲马
- 志向和热爱是伟大行为的双翼。 ——歌德

3 心有困惑会求助

心灵故事

某中学成立了首个“阳光天使”心理社团，第一批“阳光天使”心理健康志愿者经过培训结业了，高一(8)班的朱丽(化名)就是其中一员。

朱丽信心满满地上岗了，虽然她常常讲得口干舌燥，可是一个多月下来，居然发现自己的收获少之又少，一些同学甚至还故意躲着她。为此，朱丽觉得十分困惑：为什么好心没好报？自己是不是能力太差了？社团的老师和同学会不会笑话我呀？就这样，她郁闷了十多天后，一冲动，找到知心姐姐李老师，决定撂挑子——不干了。

在了解了朱丽的困惑后，李老师表示了理解，并对朱丽的付出给予了肯定。得到了李老师的安慰，朱丽觉得心里舒服多了。在社团活动日，李老师请大家分享一下自己这一个月来的工作收获和感想，朱丽觉得开了眼界，也明白了自己困惑的原因。

高一(1)班的李阳(化名)介绍道,一开始,同学们也都不了解心理咨询是什么,不少人还把心理问题跟精神疾病混同起来。在班主任的帮助下,他们出了一期心理健康的黑板报,反响很好。高一(6)班的王亮(化名)介绍说,他们班放了两部心理学方面的电影,现在班上掀起了一股子心理学热。上周班会课,他们还举行了一场心理剧比赛,直接轰动了全校。高二(3)班的柳叶(化名)介绍说,他们班请了知心姐姐李老师一起举办了一场“心理健康故事会”,还办了心理健康手抄报评比展览。其他班级的心理健康志愿者也分别介绍了自己的经验与收获。

朱丽明白了许多,会议还没结束,她就有了新的打算。

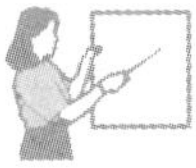

心理分析

一个人产生心理困惑本身并不是什么问题,有了困惑不愿求助或不会求助,这才是问题。朱丽同学的心理困惑在高中生中具有一定的代表性,常有以下几类。

第一类,羞于去求助。这一类同学往往是胆小、羞怯的人。他们因为胆怯、害羞而让自己的困惑和烦恼闷在心里,在不知不觉中放大了消极的体验,这会对自己的学习与生活产生不良影响。

第二类,拒绝去求助。这一类同学常常属于刚愎自用类型的人。他们因为缺乏安全感而拒绝相信周围的人,甚至拒绝他人的善意和帮助。长此以往,外表刚硬的他们会独自承受内心的痛苦。

第三类,不懂去求助。这一类同学常常属于不积极、不主动且求助无门的人。一般情况下,他们的社会支持系统不够健全,自己所掌握的求助方法也不多。有了困惑,他们只会自己闷着。

熟读万卷经书，苦行万里长路。难有神仙指引，最好贵人相助。其实，贵人就在同学们的身边，有了困惑时，只要你开口，他们就会相助。

辅导建议

李老师告诉朱丽，寻求帮助的方式有很多，可以根据自己的情况借鉴和尝试。

第一，求助朋辈。可以和要好的同学进行沟通，这是最及时的拯救自我的途径，既简单，又便捷。

第二，求助老师。求助班主任与任课老师，尤其是班主任老师。同学们完全可以敞开心扉，在老师的指导下健康成长。

第三，求助父母。父母是我们一生最值得依赖信任的人，只要勇于开口，父母一定会给予及时的帮助。

第四，求助专家。学校一般都配有专业的心理辅导老师，他们掌握许多化解烦恼、开发潜能的专业方法，可以给我们提供专业的帮助。

第五，求助网络。如果你实在有隐私而羞于露面，可以在网络上求助学校的心理老师，也可以在网络上求助有资质的心理咨询师。不过，网络求助要小心哟！

了解一下吧

马斯洛的健康人格观

良好的现实知觉。

自发、坦率、真实。

有独处和自立的需要。

常新的愉快体验。

有社会兴趣。

有民主的性格结构。

抗拒遵从。

接纳自然、他人与自己。

以自身以外的问题为中心。

功能发挥自主。

有神秘或顶峰的体验。

人际关系深刻。

有创造性。

心理世界探秘

人的潜能知多少

有一个漂亮姑娘，不知什么原因“哑”了 20 年，经多方医治毫无效果。有一天，媒人领进一个大她 30 岁的丑老头来相亲。姑娘的父亲拿了钱，逼着女儿嫁给他。姑娘急了，竟大喊一声：“我死也不会嫁给他！”

老师问一位男生：“你一次能做多少个俯卧撑？”男生说顶多 15 个。老师请来了一帮女生观看他做俯卧撑，女生们的加油激发了他的斗志和毅力，他一口气做了 35 个俯卧撑。

科学家认为，人的大脑容量相当于6亿本书的容量，相当于一部大型电脑储存量的120万倍。如果人类发挥出其中的一小半潜能，就能轻松学会40种语言，学会数十所大学的课程，记忆整套百科全书，获取12个博士学位。可惜的是，人类几乎只用了全部智力的1%，即使大科学家爱因斯坦，也不过使用了全部智力的10%左右。

科学家预言，人的潜能是无限的。不去开发，是资源浪费。

心理成长名言

- **困惑人人有，请你别发愁。不要慌和怕，静心想办法。**
- **多方求帮助，扼杀在萌芽。人人伸援手，快乐你我他！**

成长课堂

1. 认识一下你自己。

家长眼中的我：____________________

老师眼中的我：____________________

同学眼中的我：____________________

综合概括的我：____________________

____

2. 自我完善设计:半年后的我。

3. 为学校心理咨询室做一个信息引导牌。

心理咨询室的地址:______

心理咨询热线号码:______

心理咨询电子信箱:______